房地产行业培训
地产精英培训系列

售罄①

100%复制地产销售冠军

邓小华◎著

白金升级版

中国经济出版社
CHINA ECONOMIC PUBLISHING HOUSE
·北京·

图书在版编目（CIP）数据

售罄. 1，100%复制地产销售冠军 / 邓小华著 . --
北京：中国经济出版社，2022. 11
ISBN 978-7-5136-7122-4

Ⅰ. ①售… Ⅱ. ①邓… Ⅲ. ①房地产-销售-技术培训-教材 Ⅳ. ①F293. 35

中国版本图书馆 CIP 数据核字（2022）第 195669 号

责任编辑 葛 晶
责任印制 马小宾
封面设计 任燕飞装帧设计工作室

出版发行 中国经济出版社
印 刷 者 北京柏力行彩印有限公司
经 销 者 各地新华书店
开　　本 710mm×1000mm 1/16
印　　张 18
插　　页 0. 25
字　　数 238 千字
版　　次 2022 年 11 月第 1 版
印　　次 2022 年 11 月第 1 次
定　　价 68. 00 元
广告经营许可证 京西工商广字第 8179 号

中国经济出版社 **网址** www. economyph. com **社址** 北京市东城区安定门外大街 58 号 **邮编** 100011
本版图书如存在印装质量问题，请与本社销售中心联系调换（联系电话：010-57512564）

再版序　源于成交，高于成交

你是否有过这样的困惑：为什么跟进了这个客户好几个月，带看了数十套房子，他却迟迟不肯下定？为什么跟自己关系不错，维护得特别好的客户，一夜之间却在其他公司成交了？为什么好不容易帮客户把房价谈下来了，客户却说“再考虑考虑”？其实，人的购买行为都是由心理决定的，所以在房屋销售中了解客户心理比什么都重要。

销售行业有一句名言：“成功的推销员一定是一个优秀的心理学家。”在房屋销售工作中，从开发客户到了解需求，从推介房屋到跟进带看，从谈价斡旋到促单成交，房地产经纪人需要跟买卖双方进行心理上的交战。从这个角度来看，我们必须了解买卖双方的心理，运用适当的技巧，才能引领客户做出符合预期，甚至超越预期的决策，以便更好地达成房屋销售的目的。因此，读懂买卖双方心理，掌握相关技巧，是优秀的房地产经纪人的必备技能。

我看过很多讲房地产销售技能技巧的书，发现大多是关于房地产销售理论及基础技能的，真正从实战角度出发，分析客户买楼需求，讲解高效带看成交技能技巧的鲜有所闻。因此，当“售罄”系列图书出版后，立即受到了房地产销售人员的热捧，也切实帮助众多房地产经纪人提升了业绩。历经十年，“售罄”系列图书已经成为房地产销售人员成长必备教材。

转眼间，“售罄”系列图书出版十年了。十年间，房地产行业格局及市场都发生了很大变化，购房者的主流需求在不断转变，开发客户及带看成交的渠道和方法也在更新。为了让房地产销售人员更好地把握各项变化，及时完善成交方法，更加快速地成交客户，我们对“售罄”系列图书的内容进行了升级。这次内容升级融合了我这十年的运用心得和广大读者、学员的反馈，以及数百位行业销冠的经验总结，同时，将房地产行业政策与技术的变化融入其中。

销售的目的就是成交，不成交的销售等于零。再版后的“售罄”系列图书，内容更偏向实战，对成交有更加直接的指导，而且将新技术、新媒体的运用加入进来，使得房地产销售方法、技巧的运用更符合时代趋势。

愿天下从此没有难卖的房产！

邓小华

2022 年 10 月 8 日

序　攀登巅峰的良师益友

最近，我拜读了邓小华的大作《售罄1：100%复制地产销售冠军》，这是一本全面、系统总结实践经验，并处处闪耀着唯物辩证思想智慧的好书。特向业界推荐，相信它会成为朋友们攀登事业巅峰的“良师益友”。

人们都渴望成功，成功就是向着自己选定的崇高目标，不懈地攀登，直至光辉的顶点。

毫无疑问，房地产业是一座千千万万有志者正在奋力攀登的事业高峰。这当然是因为房地产业是社会财富不断积累的庞大容器，对经济发展和社会发展都有着极其重要的作用。广义的房地产是不动产，包括全部土地及其之上的建筑物、构筑物和附着物。不可移动且资产价值特别巨大，是不动产的突出特点。在我国现行法律制度下，在加快建立社会主义房地产市场经济体制的同时，不动产是以行政管理为主导，产权管理为核心，法律调整为主要手段的。难怪有人说，整个社会几乎都是围绕不动产展开的。

房地产销售是房地产行业这座高峰上重要的制高点之一。任何房地产开发公司的老总，依法取得项目的国有土地使用权之后，精心组织的一切生产经营活动，几乎都是围绕顺利实现销售目标展开的。销售理想，兴高采烈；销售受挫，坐卧不安。已成为房地产市场重要组成部分的二手楼市场，其销售更是房地产公司的核心业务。客观地讲，无论是新房销售，还是二手楼租售，要想顺利实现理想的销售业绩，谈何容易？销售是什么？是最大限度地满足客户的需求。购买房地产商品的客户需求是什么？记得我曾试图将非常复杂的房地产问题简单概括为产权合法、质量达标、面积准确、按时交楼、兑现承诺、收费合理、及时办证、物管周到。任何购房者，只有当他在上述八个方面都毫不含糊地得到满意的承诺时，才会确定自己的购买意向，达成交易。上述八个方面，既是对房地产开发企业的基本要求，也对房地产销售人员提出了极高的挑战。

怎样才能成为一名成功的房地产销售人员？认真阅读、消化并努力实践本书所讲内容是一个有效途径。例如，第 7 章“比卖出楼更重要的是诚信”，我就非常赞成，这正是本书的一大特色，强调人品第一，能力为重，真正得到客户在品德和专业上的充分信赖是成功的关键。记得我在《从广州看中国房地产经纪业的特点和发展趋势》一文中曾提出，对房地产中介人才总的要求是诚恳正直、乐于助人、专业诚信、追求效率，这和本书着力追求的目标完全一致。

读者朋友们不妨把房地产销售技巧看作登上事业巅峰的一级坚实的阶梯和帮助您在攀登过程中排除千难万险的锦囊。在当今社会，任何事业的成功，首先是做人的成功。

是为序。

金贻国

2006 年 8 月 8 日

于北师大珠海分校不动产学院

自序　从售楼精英中来，到售楼精英中去

成为房地产销售人员很容易，但要成为售楼精英却不是一件容易的事，特别是在竞争激烈、变幻莫测，充满不确定性的房地产市场中，要想脱颖而出，需要不断地提升自我。

在我十年的房地产销售、研究及管理工作中，屡屡有把这些精英们创造售楼竞争优势的不二法门总结出来的冲动，打破门户之见而放之于四海，让更多的人少走弯路，直线成功。我想光凭一己之见不免有些局限性，所以历时一年多，深入走访广深两地 20 余位地产销售冠军，终于得以脱稿。

在实践中，我也有意将成功的模式进行有针对性的复制，并加强了对下属及学员们学习后的实际效果的监测。让我欣慰的是，这些提炼出来的售楼技巧的确帮助不少人成为售楼精英，我确信也一定能够帮助到你。

在我们的售楼生涯中，懂得一招半式的销售技巧很容易，但要真正掌握一套系统的售楼必杀技却非易事。许多人终其一生也未必能领悟成功售楼的真谛。

这是一本非常实用的工具书，讲授了一套系统的售楼技巧，内容涵盖售楼人员在销售过程中遇到的各类情况及其应对技巧。书中许多具有创意的售楼方法都是售楼精英们的智慧结晶，让你在最短时间内吸收近百位售楼精英的“毕生功力”，从而迅速迈向售楼巅峰。

写本书不是目的，通过本书写出售楼过程的众多规律才是目的；读

本书不是目的，通过本书读出售楼精英们的售楼真谛才是目的。书中列举的应对技巧都是可以举一反三的，需要你反复学习、思考、运用，并时刻抱有“读万卷书，行万里路”的实践精神，超越对售楼技巧的简单克隆。

此外，无论在读前还是读后，你都不要抱着“我都懂”的危险心态，那会令你故步自封，无法接受新的观念和想法，让你停滞不前，无法站稳脚跟，直到被淘汰。

邓小华

2012 年 10 月 20 日于广州

目　录 | Contents

激励篇

准备篇

礼仪篇

需求篇

看楼篇

谈价篇

成交篇

服务篇

激励篇

人类因梦想而伟大！ 如果你的目标是瞄准太阳，就一定不会只带回一把尘土。 因此，一开始你就必须志存高远；一开始你就要在心中种下售楼冠军的种子；一开始你心里就要装下整个售楼冠军的世界。这样，你一定会成为售楼冠军！

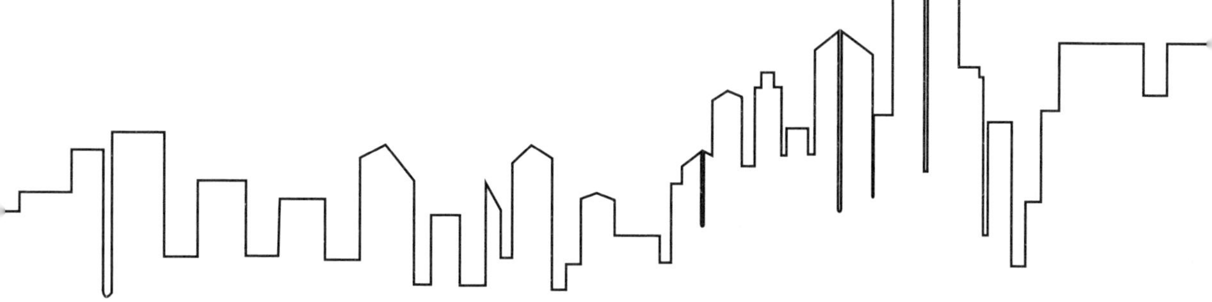

第 1 章　锤炼第四代售楼精英

所有顶尖运动员都会利用最先进的方法及技巧来训练和完善自己，以使他们在世界级的竞赛中取得优异成绩。在世界级的竞赛中，胜负往往在厘米、毫米，抑或秒、毫秒之间，而顶尖的售楼员同样需要运用最先进的售楼方法及售楼技巧来改善及提高自己，使自己能够决胜于置业者买与不买的一瞬间。要利用、学习最先进的售楼方法及技巧，就必须先了解什么是最先进的售楼方法及技巧。

什么是最先进的售楼方法及技巧？为了更简单地说明这个问题，下面就用这个大家都熟悉，但却未必真正参透的“把梳子卖给和尚”的故事来形象阐明房地产销售技术的过去、现在及将来。

有一个公司为了招聘优秀销售员，给四个应聘者出了一道考题，要求他们把梳子销售给庙里的和尚。第一个推销员接到任务后，心里嘀咕道：“和尚没头发，梳子是梳头发的，要把梳子卖给和尚那是不可能的，哪怕是送一把给他们，要是哪个和尚从怀里掏把梳子出来，也会有‘花和尚’之嫌，所以要把梳子卖给和尚是绝对不可能的。”结果他一把梳子也没卖出去。

第二个推销员也一直在思考梳子与和尚的关系，给梳子与和尚画上不等号，但后来他想到梳子可以挠痒，胖和尚手不够长，可以用梳子来挠背，此外，梳子除了梳理头发，还可以按摩头部，疏通经脉，老和尚如果经常用梳子梳梳头，念经之时就不会打瞌睡了。于是，他就以胖和尚和老和尚为目标顾客进行了推销，不停地向胖和尚及老和尚强调梳子挠痒及疏通经脉的功能，终于有一位老和尚接受了他的产品。

第三个推销员接到任务后，没有急于推销，他先进行了一番调查，结果他发现一般的庙都是建在山上，来庙里上香的香客经过长途跋涉，往往衣冠不整，特别是山中的风，吹得香客们的头发凌乱。于是，他想到如果能在庙里各个梳洗的地方提供一两把梳子，对香客来说是很方便的。而后，他找到庙里的后勤负责人，把他的观察及想法告诉了这个负责人，结果，他卖出了 100 把梳子。

第四个推销员是个超级推销员，他也不急于推销，而是在庙里进行了长达一个星期的观察，通过观察和思考，他发现一个问题，现在人们的生活水平不断提高，人们除了去庙里上香，也经常外出旅游，旅游时人们经常带些纪念品回去，但到庙里上香，捐献香油钱时，庙里却没有合适的纪念品馈赠给香客。于是，他想出一个办法，在梳子上刻上“积善梳”三个字（人们上香及捐香油钱的念头无非是想积德行善），当人们向庙里捐香油钱时，赠送一把“积善梳”给香客，香客回家后，天天早上梳完头放下梳子就会看到“积善梳”三个字，从而联想起这间庙，这种联想势必让他产生下一次再来捐香油钱的想法，同时，也加大了他向亲戚、朋友及同事推荐这间庙的可能性。送出一把小梳子，虽有所花费，但庙里的收入会因此大大提高。于是，他找了一间香火不太旺盛的庙，并找到庙里的方丈，见面第一句话就问方丈：“我有个方法可以让你庙里的香火旺盛三倍，不知道你有没有兴趣了解一下?”本来就为庙里香火头痛的方丈一听，自然非常有兴趣，并露出急切想知道的表情，这位推销员就把他的观察及解决方案跟这位方丈说了一遍，于是，他得到了一张购买 1000 把梳子的订单。

其实，这四位推销员恰好代表着房地产市场中的四代销售人员，第一位及第二位代表的是以房地产产品为中心的销售技术，第三位及第四位代表的是以顾客为中心的销售技术。以产品为中心的导向型销售方式强调产品本身，主要靠销售人员将记忆中的内容像装“罐头”一样强行让客户接受。这种独白式的销售方式有时也叫成批销售，销售的完成主要依靠销售人员的个人能力。以顾客为中心的客户导向型销售方式强调客户的需求，通过与客户的交流找到客户的真实需求，以解决客户的需求为最终销售目的。当然，这两种不同导向的销售方式（四代房地产销售人员）并存于今天的房地产销售市场，都起着不同程度的销售作用，是在我国房地产的不同发展阶段，由不同导向的销售人员主导房地产销售的形式。

第一代房地产销售形式：被动式“坐销”

这种房地产销售形式是房地产卖方市场的主要销售形式，销售人员根据自身产品单向与置业者沟通，置业者口头说需要什么样的房屋，就寻找与之相似的产品，当置业者说不买时，就认为置业者不可能买，他们从不了解置业者的购买动机，从不主动解除置业者的购买抗拒。他们忽略了置业者不是专业购买者，有时对自己的需求是描述不清楚的这件事。他们就像故事中的第一位推销员，经常用“不可能”来结束一位顾客的购买行为。这种房地产销售形式无论在我国房地产业刚刚起步阶段，还是在房地产卖方市场都非常普遍。当然，今天的房地产销售市场仍然存在不少这样的售楼员，他们共同的特点是戴着有色眼镜看待置业者，“挑剔”是他们的拿手好戏，这些售楼人员业绩普遍不太好。

第二代房地产销售形式：通过产品“功能”提高销售

故事中第二位销售员，通过挖掘梳子的挠痒及疏通经脉的功能，成功地把“不可能”的业绩提高到一把。第二代房地产销售人员也正是这样，通过挖掘房地产的各项“功能”来提高销售业绩，“房地产不等于钢筋加水泥”就是这一代房地产销售形式的核心思想。售楼员推销房屋时主要从地段、朝向、户型、周边配套、小区环境等入手，单向地向置业者们推荐他们手头的房屋，在整个销售过程中，售楼人员扮演着房地产产品解说员的角色。

第三代房地产销售形式：通过“服务”提高销售

第三位推销员观察到香客需要梳洗这个现象，通过提高庙里服务水平而获得销售提高，销售过程以顾客为中心，发现顾客需求，并服务于顾客。第三代房地产销售形式也正是这样。当房地产进入买方市场时，房地产的销售开始转向以置业者为导向，销售过程中买卖双方开始加强沟通，卖方充分挖掘客户需求，产品设计越来越人性化，市场细分不断升级。售楼人员在推销过程中也不再唯“地段论”，大盘、超级大盘的出现弱化了“地段论”。目前，这种通过“服务”提升销售的形式得到了肯定及提倡，并在房地产销售领域不断得到升级及推广，房地产领域正悄然进行着一场“服务”争夺战。

第四代房地产销售形式：通过“双赢”思维提高销售

第四位推销员通过观察发现，庙里有纪念品馈赠的潜在需求，并通过改良梳子来满足这个需求，不仅为庙里增加了香火钱，也使自己获得了销售上的极大成功。从某种意义上可以说，他在提高庙里业绩的同时推销了他的梳子，他的动机是帮助庙里提高业绩。第四代房地产销售形式就是在帮助客户解决问题的同时销售了自己的房子。这种销售形式的产生得益于生活方式、概念地产、文化地产等概念销售的流行，房地产销售技术更偏重与客户的双向沟通和对客户需求的充分挖掘。

“发现需求，满足它；发现问题，解决它”，是对这种房地产销售形式的高度概括，灵活运用它则可以产生戏剧性的功效。下面这则案例就使用了四种不同的销售形式进行销售，效果大不一样。

一对香港夫妇在内地设厂，准备到某小区购置一套三房住宅，理由是该小区住户子女可就近入读某知名小学，非地段生入读需要另交择校赞助费10万元，他们正好有一个小孩需要读小学。“孟母之心”驱使他们来到该楼盘看了三次，最后选定一套非常满意的大三房，所有折扣打完后，房款为450万元。就在准备下定之时，细心的丈夫多问了一句：“我的小孩是香港户籍，我们买这里的房子后，小孩入读这个小学是否可以免交10万元择校赞助费?”由于户籍政策的限制，非本市户口一律要交择校赞助费，售楼小姐遵守诚信守则，告诉他们不可以免交。当家作主的妻子立即把准备交定金的1万元放回了包里，大声说道：“这样啊，不能免10万元，那我们不买了，我们现在有一套三房，够住了，反正买与不买这里，小孩入读这个小学都要交择校赞助费，干脆我们就让他住校好了，每个星期一早晨用车送他过来，星期五接回去就行了。”并且态度非常坚决。那这对夫妇到底会不会再买这套三房呢?

如果第一代售楼人员遇到这种情况，肯定认为达成交易“不可能”了；第二代售楼人员也会因“买房免10万元择校赞助费”这一功能的丧失而无能为力；第三代售楼人员也不可能再用服务打动客户。

我们用第四代售楼人员的眼光来分析一下这个案例，不难发现，销售过程中有这样两个事实：一是这对夫妇有购买这个楼盘的能力；二是他们喜欢这个楼盘，有购买欲望。既喜欢，又有能力购买，阻碍他们购买的唯一障碍是“小孩入学不能免10万元择校赞助费”。其实，这对夫妇购房最主要（原始）的目的是让小孩更好地读书，并不是为了省10万元择校赞助费。于是，这位聪明的第四代售楼小姐很快找到问题及需求所在，一阵寒暄之后，就谈到小孩教育问题。她说：“孩子小时候最好同父母住在一起，这样有利于小孩性格的养成；小孩长时间不同父母在一起，会得不到足够的母爱、父爱，不利于小孩性格的养成。”这对夫妇恍然大悟，为了小孩读书，450 万元都愿意出，却为了 10 万元忘记了自己购房的真正初衷，于是紧抓 1 万元定金的手又伸了出来。

达成房地产巅峰销售需要售楼人员从第四代销售思维出发，设身处地以“双赢”思维帮助置业者切实解决问题，同时，也要熟悉楼盘，做足服务功课。我们在做企业内训时，会要求学员如实填写《售楼人员销售行为检测表》，以此发现学员不足，并定制个性化方案指导学员加以改善；在做项目顾问时，会协助企业编制《楼盘销售脚本》，解答楼盘销售中出现的问题，使之轻松实现“双赢”。本书主要针对顾客导向型售楼技术进行讲解，希望对广大读者有切实帮助。

第 2 章　世界上最伟大的售楼定律

为什么有人可以连续 3 年平均每天卖出 1 套房子？为什么有人可以连续 12 年平均每天销售 6 辆汽车？为什么有人可以在 1 天之内完成全年的销售额指标？这些销售冠军们有些什么特质呢？

汤姆·霍普金斯（Tom Hopkins），被美国报刊称为“国际销售界的传奇冠军”，是房地产业务员单年销售量的吉尼斯世界纪录保持者，连续 3 年平均每天卖 1 套房子，3 年内赚到 3000 万美元，27 岁就已经成为千万富翁。30 多年前，他在读大学的时候辍学，在建筑工地以扛钢筋为生，不过他始终相信世上一定会有更好的谋生手段，并开始尝试进入销售行业。在初入销售界的 6 个月中，他屡遭失败，穷困潦倒。在他销售房屋的前 90 天，才挣了 150 美元，于是他决定把最后的 100 美元积蓄投资到一个为期五天的培训班上，没想到这五天的培训成了他生命的转折点。在之后的岁月中，他潜心钻研心理学、公关学、市场学等理论，凭着过人的毅力，结合现代推销技术，在较短的时间里获得了惊人的成功。

乔·吉拉德（Joe Girard），49 岁便退休了，他因连续 12 年平均每天销售 6 辆汽车，而被载入吉尼斯世界纪录，成为“全世界最伟大的推销员”。35 岁前的乔·吉拉德是个全盘的失败者，他患有相当严重的口吃，换过 40 个工作，仍一事无成。1963 年，35 岁的乔·吉拉德的建筑生意失败，身负巨额债务，几乎走投无路。他去卖汽车是为了养家糊口。第一天他就卖出了1辆车。掸掉身上的尘土，他咬牙切齿地说“我一定会东山再起”，他对自己的付出从来没有满意过。3年之后，乔·吉拉德以年销售1425辆汽车的成绩，打破了汽车年销售量的吉尼斯世界纪录。从此，乔·吉拉德被人们称为“全世界最伟大的推销员”。

我经常听到一些业绩不太好的售楼人员抱怨自己不是做房地产销售的料，说自己口才差、外形不好、不具亲和力等。在他们的心目中，售楼冠军都是天生的，只有口才好、外貌好、有亲和力的人才适合房地产销售工作，换句话说，售楼冠军都是销售天才，仿佛有些人一生下来就可以在其额头贴上“售楼冠军”的标签。但从上述世界级销售冠军们的事迹中可以看出，事实并非如此，他们的成功并不是神秘莫测、遥不可及的。

为什么这些外貌平凡，状况与普通人相似，甚至更加悲惨的人能够取得如此之大的成功？相反，为什么有些外貌极佳、口才一流，极具销售潜质的人其推销生涯却是黯淡无光？如何才能成为顶尖推销员呢？销售冠军是怎样炼成的呢？

经过对众多世界级销售冠军的研究以及对近百位售楼冠军的走访调查，结合近年来自己的房地产销售工作实践，我发现这些销售（售楼）冠军们都遵守着一个伟大的销售定律，当我们把这个定律运用到自己和自己的团队以及学员身上时，我们的销售技能均取得了突飞猛进的提高。这个伟大的销售定律就是苏格拉底的“因果定律”，它被称为影响人类命运的“铁律”，也就是我们常说的“种瓜得瓜，种豆得豆”，你种下什么“因”就会得到什么“果”。那么，在房地产领域里，售楼冠军及金牌经理们种的又是哪些“因”呢？

大家熟悉的电影巨星阿诺·施瓦辛格有着健美的肌肉与身材，你大概会这样说：“哇！他太幸运了，天生就有这么棒的身材！”其实他是经过20多年，花无数小时锻炼才得到这魔鬼般的身材的。他与我们一样，也只有 639 块肌肉，但他付出了我们无法想象的努力，使肌肉状况变得与我们不一样，从而得到他应得的回报。同样，你与所有的售楼冠军及金牌经理们都一样，有着相同数量的售楼“心理肌肉”，只是他们投入了更多的时间、努力及汗水，不停地改善他们的售楼“心理肌肉”状况而已。你可以像阿诺或其他人用运动来锻炼身材一样，利用心理练习来锻炼你的售楼“心理肌肉”，利用更多的学习及工作提升你的地产专业水平，利用培训及模仿售楼冠军来增进你的售楼技巧。你“种”得越多，收获也就会越多。

售楼冠军之所以成为冠军，首先他们种下了“更多行动”的“因”，他们不会用售楼失败的次数去评定自己，而是以售楼成交的次数来评定自己。他们售楼成交的次数是与他们能够承受售楼失败以及不断尝试楼盘成交的次数成正比的。为了更好地理解这句话，我们简单回顾一下小时候就非常熟悉的“阿凡提吃馒头”的故事：阿凡提吃到第十个馒头时，终于吃饱了，他很后悔，心想，早知道是这样，就直接吃第十个馒头，前面九个馒头的钱就都省了。这看起来是个笑话，但其实类似的想法大量存在于售楼人员头脑中，当带的第十个客人看楼才成交时，不少售楼人员会想，早知道就直接带第十个客人看楼了，省了带前面九个客人看楼的时间；抑或是当客人选择了带看的第十套房时，不少售楼人员也会产生“早知道”的想法。售楼冠军们则完全不同，他们用更多的承受失败量及尝试成交的行动次数，来提高他们售楼成交的次数，直至成为售楼冠军。

此外，售楼冠军们特别注重学习，他们通过持续不断的训练及学习，掌握更多、更全、更新的售楼技术及技巧。想要拥有某人 20 年的售楼经验，有两个途径：一是与某人一样，花 20 年的时间去实践并总结；二是用几天、一周或一个月的时间去学习他的实践总结，从而迅速拥有同样的经验。

要迅速提升你的售楼技能，必须从改变你的脑袋开始，投入多一点时间、金钱和努力，美好的事情就会被你吸引而来。正如本杰明·富兰克林所说："用钱袋里的铜板去填满你的内心，你的内心会把你的钱袋注满黄金。"站在售楼冠军的肩膀上不断地学习，你就是下一个成功者！你就是下一个冠军！

第3章 寻找售楼冠军“指南针”

热水器坏了，花50元去维修，我们会立即行动，毕竟那是生活必需品。

售楼技巧不行，你愿意付出时间、精力去改善和提升吗？“售楼冠军”是你的生活必需品吗？

有一次，在我的培训课上，在近200人中我发现坐在第一排的一位先生有点眼熟，我跟自己打赌，他不是第一次参加我的培训课程。于是我就去问他，他说这是他第四次参加我的课程了。我问他：“你这次是带你的全部下属来参加吗？”他告诉我：“我现在是公司里的顶尖售楼代表，已升为一个分店的店长，在公司里也算能说得上话的人了。我告诉我的每一个下属课程信息，并鼓励他们都来参加，但是由于公司没有培训经费，所以，只有几个同事一同前来，他们都是一流的售楼人员，每次都如此，而那些最需要来的售楼员都没有来。”

这使我想起一个问题，假如你家里用来洗澡的热水器坏了，要花50元去维修，或彻底坏了，需要花几百元去换个新的，你会说“我修不起”或者说“我买不起”吗？我相信人人都会花50元去维修或花几百元去换个新的，因为热水器是我们生活必需品。但是掏几百元参加培训或掏几十元买本书回去学习，提高自己的售楼技能，对不少售楼人员来说则是不太容易做到的，因为“售楼冠军”还没有成为他们生活中的必需品，这正是售楼冠军与非售楼冠军的最根本区别。冠军们从来不会说我没钱参加，而是说我怎样才可以参加；售楼时，冠军们也从来不会说这个楼盘做出来，肯定不会有人买，而是说要让这个楼盘热销的话，我应该怎么做。非冠军们总是看到机会后面的问题，而冠军们总是看到问题后面的机会。

“必需品”，对，你一定要把“售楼冠军”作为自己生活的必需品。在你的内心深处做个决定——我一定要成为售楼冠军，记住是“一定要”，而非“想要”。如果你不把它当成必需品，仅仅是“想要”的话，我劝你跳过这个章节，因为下面被喻为售楼冠军“指南针”的自我策略规划会令你很痛苦，令你的内心处于矛盾之中。不过，话又说回来，如果你决定不成为售楼冠军，那么你就去受苦吧！因为一事无成更让人恐惧。

“每个人心中都有梦，有的人希望过高品质的生活，有的人则希望能改造世界，然而因为生活中的诸多挫折和日常琐碎，许多人的梦就此缩水，甚至再也提不起劲儿去实现。各位可知道，当没有了做梦的念头，人生也就注定永远不会成为赢家。”这是潜能专家安东尼·罗宾斯说的一段话，你是不是觉得很有道理呢？

不少售楼员也曾经把成为售楼冠军当作自己的梦想，但售楼工作中的挫折，以及生活和工作中的诸多不如意，让昔日的冠军梦早已不知存于何处。那么，到底是什么左右了我们的成功呢？

试想，你要射箭，如果连箭靶都看不见，又如何射中靶心呢？很多人有“想要”的念头，却没有给自己达成的时限和“一定要”的决心，这就跟射中看不见的靶心一样，是无法实现的。有的人有了具体的目标及实现时限，但无具体的实现步骤及相关策略，就好比要去某人家里，知道他住在哪里，但不知道路线，导致自己在原地兜圈子，抑或有进步，却前进得很少。如果我们掌握了去某人家的所有路线，就可以比较不同的路线和使用的交通工具，从而选择合理的路线及使用合理的交通工具，以使用最短时间抵达。如何选择路线及方法到达“售楼冠军”之家呢？这就需要使用自我目标策略规划。最简单、最有效的自我目标策略规划就是 GOSPA 模式，正确地使用 GOSPA 将确保你的每一分努力都获得最高的回报。

在 GOSPA 模式中，G 代表目标（Goals），O 代表目的（Objectives），S 代表策略（Strategies），P 代表计划（Plans），A 代表行动（Activities）。本章主要从宏观上概括这个模式，许多具体的策略及分析方法、个案将在后面章节详细介绍。

在做个人目标策略规划时，先要做一个自我分析，也就是搞清楚“我是谁”“我从哪里来”的问题。清楚地分析自我状况，从事售楼工作的优劣势如何？如何利用自己的优势？如何弥补自己的劣势（比如，可以通过学习、交好的朋友、参加培训等提升自己）？自己哪些地方做得很好？还有哪些地方可以改进？由于我们对别人给予的评估及批评特别敏感，不少人甚至特别不愿意上级经理同自己一起去看楼，不愿意让经理在旁边观察他，因为中国人特别爱面子。因此，你就更需要好好做自我分析，通过自我分析，清楚地看到自己的过去、现在及未来的生活和事业。当你清楚自己过去的情形及其原因、目前的状况及其应对和未来想要的生活时，你在做个人目标策略规划时就更能把握重点。

根据自我分析，你要设定一个房地产销售生涯的整体目标及阶段性目标，即长期目标、中期目标、短期目标。此外，你一定要清楚你设定目标的目的是什么，目的比目标更重要，它是你达成目标的原动力。也就是说，你必须清楚你达成目标后的生活会是什么样的，这种生活正好是你想要的，那么，你对所追求之目标就会特别渴望。此外，你设定的目标一定要具体，比如，你以售楼冠军作为目标，那你一定要清楚地知道，售楼冠军必须达到什么样的业绩，并给自己一个达到业绩的时限（即达成目标的时限），把这个时限划分成若干个小时段，每一个时段你必须达到什么样的业绩（即阶段性目标），只有这样，你的方向才会特别清晰，仿佛时时都有一个“指南针”指向售楼冠军的方位。

当你清楚售楼冠军必须达到什么样的业绩后，你必须看到自己目前的业绩水平与之的差距，以及你的现状与阶段性目标的差距。为了消灭这些差距，你有什么方法可以选用，这就是策略问题，比如，你可以更加勤奋，你可以求教于你的上司，你可以自学或参加培训等。你准备选用哪些方法、怎样安排时间等则是策略选用及计划安排了，然后，把这一切用文字记录下来，最后切记要付诸行动。

现在，请你做一个个人目标策略规划。

第 4 章　坚持到底的报酬是什么

一场大学生足球巡回赛（这是红队的第 11 场比赛，也是连败 10 场后新任教练的第 1 场比赛），中场休息时，红队以 0∶3 大比分落后，再打下去的结果大家都可以预想，这时红队的所有队员都垂头丧气。红队的教练看到这种情景问大家："假如球王贝利与你们一起参加比赛，他会不会放弃？"大家异口同声地说："不会。"教练又问道："假如发明之王爱迪生与你们一起参加比赛，他会不会放弃？"大家异口同声地说："不会。"教练再问道："假如米勒与你们一起参加比赛，他会不会放弃？"大家沉默了，终于有一个队员问道："教练，米勒是谁？"教练大声说道："问得好！米勒在那场比赛中放弃了，所以没有人知道他是谁。"下半场，红队士气大振，最后以 4∶3 反败为胜。

"胜利属于坚持到最后的人"，这句话大家都会说，可又有谁真正做到了呢？在售楼过程中，当买家说"不买了"，或者业主说"不卖了"时，你坚持了没有？国外有一项研究表明，一个买家在决定购买之前，平均要说五个"不"字。在你的售楼历史上，你做到了这个平均数吗？如果你没有坚持，或者你坚持得不够，那就怪不得"售楼冠军榜"上没有你了。我们来看看成功者是如何坚持的。

爱迪生失败一万次后才发明电灯，而一般人失败一次就放弃，所以，到处是普通人，而爱迪生只有一个；《第一滴血》的男主角史泰龙立志当演员时，因相貌平平及咬字不清被纽约的500家电影公司拒绝之后，再度从第一家电影公司开始重新尝试，在被拒绝了1855次后，终于成为闻名世界的超级巨星；65岁的桑德斯上校发明了炸鸡秘方后，四处寻找投资者，经过两年，共计1009次被拒绝之后，他才听到了第一声“同意”；迪士尼为了实现建立“地球最欢乐之地”的美梦，四处向银行融资，一共被拒绝了302次，每家银行都认为他的想法怪异。

相比之下，你很快就发现你还没有成功的真正原因了吧？记住，平均五个“不”之后才会有成交，当我们坚持了五个“不”后仍然没有成交，该怎么办呢？这就要看你是“一定要”成为顶尖售楼代表，还是只“想要”成为顶尖售楼代表，顶尖售楼代表之所以会成为“顶尖”，其奥秘大概也在于此。我们来看看房地产业务员——世界单年销售量最高纪录保持者汤姆·霍普金斯卖楼的一段电话对话：

珍妮太太：“喂！汤姆，您好！”

霍普金斯：“您好！”

珍妮太太：“您或许不知道我是谁，我是煤气公司收款员珍妮太太。”

霍普金斯：“珍妮太太，您好！”

珍妮太太：“我每个月给您煤气账单时，您都会给我一张您的名片，我这都有两打您的名片了，我知道您是个有心人，我现在想换套房子，因此，打电话请您帮忙。”

当你看到“两打”的字眼时有何感想呢？在与置业者的交往中，第二次给同一个人派名片的有多少人呢？或许，你第一次派给他的名片，他早就不知放到哪里去了，想找你时却联系不上你。

在我做二手楼销售管理时，手下有个彭先生，有一次卖一套天河北的二手楼，买家很满意，价格也合适，很快就下了1万元诚意金。可非常不巧，由于业主放售的同时也放租，恰好这时把房子给租出去了，并且对租金回报比较满意，所以，不准备卖了。于是，之后的日子，无论彭先生怎样打电话，业主的回答只有一个，就是“不卖”。由于买家非常满意这套房子，答应彭先生，只要业主卖，他就买，并留下 5000 元作为保证金。彭先生几乎每天都打电话给业主，业主很不耐烦，一开始，还只是不接电话，后来就直接挂电话，再到后来，则直接骂人。快两个月时，租客因工作调动，悔约不租了，彭先生还在坚持给业主打电话。终于有一天，业主松口了，对他说：“你带定金到我住的华南碧桂园来吧。”由于打电话骚扰了业主太久，听到这句话后，彭先生竟然高兴不起来，害怕业主不是要卖楼，而只是把他叫去“教训”一顿。带着不安的心情，彭先生和另外一名同事一起前往业主的住所，在门口，犹豫不决的他不敢按下门铃，但成交的欲望终于战胜了恐惧。按下门铃进门后，业主第一句话就说：“彭先生，其实为这套房子打电话来的人很多，但我从没见过像你这么坚持的售楼员，好吧，就委托你们公司卖了它吧。”

当买家说“不买了”，或者业主说“不卖了”时，其实并不一定代表真的“不买”或“不卖”，有可能只是他（她）与妻子（丈夫）刚刚吵完架而已；也有可能是今天被上司批评了，心里不舒服；还有可能开车违规被警察逮住了，心里不高兴；等等。如果你不想做个一般人，你就不能一次就放弃，坚持多打一个电话，坚持多问一句，坚持多约一次，成交就可能实现。

坚持！坚持！再坚持！要想过上不平凡的日子，就得学会做一张邮票，不达目的地，决不放手。

第 5 章　奔跑出来的售楼业绩

羚羊不去奔跑，会被狼和狮子吃掉；狼和狮子不去奔跑，就会被饿死。

程功是一家房地产中介公司的普通员工，做事总显得有点笨手笨脚，可他非常热心，任何人都可以支使他去办事，忙碌的程功就像一只笨拙的企鹅整天在办公室里跑来跑去。于是，大家送他一个外号——奔跑的企鹅。后来程功被调入业务部，由于工作非常投入，业绩一路直线上升，很快就升为分店经理。第二年，公司下达了本年度必须完成 600 万元佣金收入的指标。业务总监认为这个指标不太可能实现，私下里开始怨天尤人，认为老总太不现实了。只有程功的团队在拼命地销售，前 3 个季度刚过，程功的团队就基本完成了全年任务，而公司总业绩只完成了目标的 50%。国庆节过后，业务总监就提出辞职，程功被任命为新的业务总监。“奔跑的企鹅”在上任后的两个多月里，忘我地工作，他的行为带动了所有人，在年底的最后一天，他们竟奇迹般地完成了剩下 50%的任务。

后来，这家房地产中介公司被另一家公司收购，新公司的董事长上任第一天就任命程功为这家公司的总经理，因为在双方谈判收购的过程中，这位董事长曾多次出入这家公司，这位“奔跑的企鹅”给他留下了深刻的印象。

程功经常问手下："飞机在什么情况下才可以起飞？"飞机起飞时一定要把推杆推到尽头，做事情也是这样，只有全力以赴，才有可能成功。当新任业务总监走进他的办公室时，第一眼就看到墙上挂的座右铭：如果你能让自己奔跑起来，总有一天你会飞起来。

"奔跑"，有意思！我们会说"跑"业务、"跑"生意，原来业绩都是"跑"出来的。如果你不准备"奔跑"，那只能被淘汰。就像羚羊不去奔跑，会被狼和狮子吃掉，狼和狮子不去奔跑，就会被饿死一样。跑起来吧！当我们走遍千山万水之时，也就走进了千家万户。

很多人有一种错误观点，认为售楼就是坐在售楼部或中介门店里面吹空调，是个舒服的活儿。其实不然，一个售楼人员的业绩是与他奔跑的里程有关的，路走得越多，业绩自然越好。在销售中心里做一手楼销售，售楼人员要带客人看现场，看样板房，为了了解周边市场行情，还要利用业余时间到处踩盘；在中介做二手楼销售，则要带客人到处看楼，到处找房源，奔跑在按揭公司、物业管理公司、供电局、电信局、自来水公司等部门之间做服务，这些路程加起来的总和是与你的售楼业绩成正比的。此外，当你奔跑起来的时候，还要奔跑出速度、奔跑出热情，因为这些是影响你奔跑质量的重要因素。

从现在开始，请你比别人晚睡 1 小时，用来阅读本书或其他书籍，不断提高自己；请你比别人早起 15 分钟，用来计划好当天的工作及行动，使自己变得更加有效率；请你比别人晚下班 1 小时，用来总结及检讨当天的工作，不断完善自己；请你每天多打 10 个电话给你的客户；请你每天多带一个客人去看楼；当别人出去消遣的时候，请你找一个安静的地方来阅读，甚至参加一些培训；当顾客站在门口徘徊的时候，请你比别人快跑两步；当别人只一味地寻找新顾客之时，请你多服务一下老顾客；当别人想放弃的时候，请你多坚持一会儿；当别人走累了的时候，请你再多走几步路。

"奔跑起来吧！"成为售楼冠军不是一场百米速度赛，你必须激发蕴藏在你内心深处的所有力量，因为没有任何一条捷径，也没有任何一列可以直达“售楼冠军站”的快车，所有的路程必须用你自己的双脚一步一步去丈量。要想迈向成功的售楼人生，就必须比别人多付出，你可千万别小看这平凡的一点点，要知道金字塔上的每一块石头也是那么地平凡，可正是这一块块平凡的石头砌出了不平凡的金字塔。只要你坚持跑起来，总有一天，售楼冠军理想的种子会长成参天大树。

一个人奔跑起来最大的障碍来自惰性和借口，以及你有没有坚持到底的信心。在现实生活中，售楼冠军的目标并不是一蹴而就的，可以像“寻找售楼冠军‘指南针’”那一章里叙述的那样，把这个目标分成若干个可以实现的小目标，然后集中精力想办法逐一地实现这些小目标。当这些小目标全部实现时，你的售楼冠军目标也就实现了。记住，一定要完完全全抛弃你自己的惰性和借口，每当旭日东升之时，就告诉自己：“钢铁就是这样炼成的。”

让我们再说一声：“奔跑起来吧！”让我们充分享受奔向售楼冠军路上的“痛苦并快乐”的生活！

第 6 章　打造售楼冠军的精神“粮仓”

21 岁，做生意失败；

23 岁，角逐州议员落选；

24 岁，做生意再度失败；

26 岁，爱侣去世；

27 岁，一度精神崩溃；

29 岁，竞选州议长失败；

34 岁，角逐联邦众议员失败；

39 岁，角逐联邦众议员再度失败；

45 岁，角逐联邦参议员失败；

47 岁，竞选副总统失败；

49 岁，角逐联邦参议员再度失败；

51 岁，当选美国第十六任总统。

他是谁？是什么力量使他在惨败中一次次振奋起来？是什么让他顽强地坚持到底，直至取得惊人的成功？他就是美国历史上最伟大的总统之一——亚伯拉罕·林肯。他发表了著名的《解放黑人奴隶宣言》，领导了拯救联邦和结束奴隶制度的伟大战争，并取得胜利。

我在长期从事房地产工作及教学过程中发现这样一个问题：很多时候，阻碍一个售楼人员业绩提升的不是他的售楼技能，而是他的工作精神。

有效地挖掘并激发内心的潜力，将大大提高我们的工作水平。或许你会认为自己太差劲，能够成为顶尖售楼代表的概率极小，但是，问题的关键并不在于你现在的地位多么卑微，能力多么不如别人，而是你想成为什么样的人，你的渴望程度达到了 100%没有，你是否愿意为此付出艰辛的努力。如果你下定了决心，那么任何障碍都阻挡不了你成功的步伐。这是个信念问题，要成为顶尖售楼人员，必须具备怎样的信念呢？这在“成就售楼冠军的七个‘谎言’”中将详细介绍，这里重点介绍另外两个问题：一是售楼代表对工作的态度及投入问题；二是售楼代表对自己售楼工作的质量要求问题。

有个老木匠向老板递了辞呈，准备离开他熟悉的建筑业，回家与妻子、儿女享受天伦之乐。他是全国最著名的木匠之一，手艺高超，老板舍不得这样的好员工离开，问他能否帮忙建造最后一座房子，老木匠欣然允诺。但是，显而易见，他的心已不在工作上，他用的是废料，出的是粗活。等到房子竣工的时候，老板亲手把大门的钥匙递给他并对他说：“这是你的房子，也是我送给你的礼物。”他震惊得目瞪口呆，羞愧得无地自容。如果他早知道是在给自己建房子，怎么会这样漫不经心、敷衍了事呢？现在他只好住在这幢粗制滥造的房子里。

对一个售楼人员来说，售楼工作就是在创造售楼人员自己的事业及生活。但真正认识到这一点并做到的又有几个人呢？很多人又何尝不像那个老木匠呢？整天漫不经心地“建造”自己的生活，不是积极行动，而是消极应付。等惊觉自己的处境时，早已深困在自己建造的“房子”里。其实，我们就是那个老木匠，在售楼工作的每一天、每一刻，都要记住这是在建造你自己的“房子”，每敲进去一颗钉，加上去一块板，或者竖起一面墙，都要用自己的智慧以及百分之百的投入！记住：生活是自己创造的！

在美国流传着这样一个耐人寻味的故事。一个年轻人来到一家著名的酒店当服务生，这是他人生的第一份工作，因此，他踌躇满志，暗下决心，一定要好好干，不辜负领导的信任。谁知在试用期间，上司竟然安排他洗马桶，而且工作质量要求高得惊人，必须把马桶洗得光洁如新。他当然明白光洁如新的含义是什么，更知道自己是不喜欢洗马桶的，光洁如新这一高标准的质量要求是无法实现的。每当他拿抹布的手伸向马桶时，胃里立马“造反”，翻江倒海，恶心得想呕吐却又吐不出来。为此，他心灰意冷、一蹶不振，每天都在思索是继续干下去，还是另谋职业。就在他犹豫不决的关键时刻，同单位一位前辈及时地出现在他的面前，帮他摆脱了困惑。她并没有用空洞的理论去说教，而是言传身教，身体力行。首先，她一遍遍地洗马桶，直到洗得光洁如新；然后，她从马桶里盛了一杯水，一饮而尽，丝毫没有勉强。实际行动胜过千言万语，光洁如新的关键就在于新，新则不脏，所以新马桶中的水当然是可以喝的。这件事令他震惊，也给了他很大启示，于是他痛下决心：就算一辈子洗马桶，也要做最出色的洗马桶者！从此，他脱胎换骨，工作质量也达到了无可挑剔的高水准，当然他也多次喝过马桶里的水。

几十年光阴一晃而过，后来，他成为世界旅馆业大王，他的事业遍布全球，他就是康拉德·N. 希尔顿，建立了享誉全球的希尔顿酒店帝国。

我发现很多干了三五年售楼工作的售楼人员还停留在普通售楼代表的层面，他们技能一般，更关键的是他们的心态灰暗，对自己的工作水平没有什么要求。他们在售楼的工作岗位上，得过且过，大有“做一天和尚撞一天钟”的感觉。

要想过上富足的生活，必须对自己的售楼工作提出高标准，就像“就算一辈子洗马桶，也要做最出色的洗马桶者”一样，作为一名售楼人员，必须有“做一名售楼冠军”的目标，并百分之百地投入，千万别把它当成一种谋生手段或糊口工具。

第 7 章　比卖出楼更重要的是诚信

广州市越秀区是教育强区，区内的众多小学都非常出名，不少人购买该区的房子就是为了孩子上学。由于需求众多，该区的二手楼一直非常走俏。有些家长在该区买房的唯一目的就是让小孩上学，根本没想过到那里去住，因此，一旦小孩进入小学，就着手卖出这套二手楼。这使得越秀区的小学学位紧缺，于是，政府出台了“学位保留”政策。“学位保留”指的是在一套房子指定入读的小学，同一时间只能有一个小孩入读，也就是说，如果某人的小孩还在该小学读书，即使他卖出该套房子，新业主的小孩也不能入读该小学（每一套房子可以入读的小学是指定且唯一的），只有旧业主的小孩毕业，新业主的小孩才可以入读。政府希望通过这种政策确保越秀区小学教学的正常进行。

有一次，我带客人去看一套培正路的房子（培正路上有广州市顶尖的小学），由于业主比较忙，非常难约到她开门看楼，所以，看楼时，还有另外几个客人一同前去，此外，还有其他中介公司的好几位客人，场面非常壮观。因为房子本身不错，所以我的客人看完后非常满意，对价格也没有异议。他同我一起回到公司，并打电话叫他太太打的士送了 1 万元定金过来。当我问他买房的目的时，他说明年他的儿子准备上小学，就是为小孩读书而买房的。当时，“学位保留”政策刚刚推出，很多人不了解，我立即告诉他这个情况，他不相信，还以为我在骗他，想把房子留给其他客人以谋求更高佣金。因为前几天，他在另外一家大的中介公司看过楼，那家公司的业务员是他朋友的一个亲戚，没有提到“学位保留”政策，所以，任凭我怎样解释，他硬要我收下定金，还当场打电话问那个业务员。由于那个业务员不了解这个新政策，更引起他对我的怀疑。我一再问他：“你买房是不是仅仅为了小孩读书，如果不能入读这个小学，你是不会买这套房子吧？”答案是肯定的，因此，这更坚定了我不能收他定金的决心，我不能因此欺骗顾客，哪怕他怀疑我。最后，这位顾客非常气愤，临走时说以后再也不来我们这里买楼了，并扬言要到公司投诉我，我虽然委屈，但还是面带笑容地送他走了。因为我知道，在与顾客的交往中，无论发生什么情况，笑脸总是要留给顾客的，委屈可以留给自己慢慢消化，总有一天，他会理解我的。

一个星期后，当这位顾客确认我的解释没错时，再次来到我们公司，并留给我一封感谢信。后来，他再也没有去其他中介公司看楼，坚持让我做他的经纪人。

今天的房地产市场的确存在不少陷阱：隐瞒小区内的规划道路、一楼多售、合同欺诈、发布虚假广告、二手楼吃差价等。不可否认，这些不够诚信的行为能够让售楼人员或房地产中介公司暂时得到一些回报，但并不是长久的经营之道，因为这不但让顾客损失了金钱，丧失了对售楼人员的信心，而且会让售楼人员丧失尊严和成为一个真正专业的售楼人员的机会，甚至腐蚀人性。

研究表明，一个人在售楼过程中很难人格分化，即生活中是这种人格，推销时又是那种人格。因此，如果公司要求你们做不诚信的事（这种情况极少)，我觉得应该立刻离开那家公司；作为公司也一样，如果你的员工对顾客不诚信，又如何相信他们会对公司有诚信呢？请大家记住：不诚信的事做多了，一定会被发现的。

诚信在商业社会是个稀缺资源，做生意、搞销售很难，就像谈恋爱一样，无字典可查，也无地图可看，完全要随机应变，如果你抱定诚实无欺的原则，就可以以不变应万变，迅速发展你的事业。在我的房地产销售生涯中，无论是做业务员，还是做管理人员，都能感觉到顾客对诚信的强烈渴望，由于极少数不诚信的售楼人员的行为对市场造成了极坏影响，让顾客总是小心翼翼，但是当我们非常真诚地帮助顾客买到他们想要的房子时，他的亲友、同事、同学就会接踵而来。

一位顾客在某中介公司受骗后，中介公司却要求她赔偿中介费，并把她告上了法庭。后来，她来到我们公司买房，我们遵守诚信原则，并告诉她如何应对中介公司的纠缠。在之后的半年里，她先后介绍朋友从我们公司买走了四套房子。

由此可见，诚信在经营中非常重要，往往能够起到点石成金的作用。我们公司的宗旨是，追求利润，更追求真正的职业精神，恪守诚信，并以此作为双方合作的基础。

曾经在培训中我讲到诚信时，有学员抛给我一个问题：“我是二手楼业务员，在我带客人看楼时，客人把我给‘飞’了，直接与业主成交了，面对这种情况，我还能诚信待人吗？”接着又有人问：“做二手楼业务，业主是有底价的，但我们不能把这个底价告诉买家，因为他知道底价后肯定要砍价，这是否属于不诚信的行为呢？”我想，这是一个关于诚信的上限的问题。什么是诚信？如果不损害客户的直接利益或间接利益，这与是否诚信关系不大；如果损害了客户的直接利益或间接利益，肯定是不诚信的行为。对于顾客的不诚信行为，我们该如何应对呢？下面这则报道或许能够回答这个问题。

一个人贩子拐了一个 4 岁的小孩，在火车上，这个孩子没有像其他孩子那样哭，而是一直叫“叔叔”，并求他讲故事听。孩子说：“叔叔，你是不是也给你的孩子讲故事听他才睡觉呢？”这句话打动了人贩子，因为他有一个 5 岁的女儿，女儿每天缠着他讲故事，所以当他听到这个

4 岁孩子的问题时，非常惭愧和自责，于是决定把孩子送回去。之后，他去投案自首了。

当你以“你想顾客怎样对你，你就先怎样对待顾客”为原则时，诚信一定能够感染身边的人，也一定能够传递下去。

第 8 章　如何用一分钟换来一辈子的信任

在我做房地产销售管理工作时，发现很多售楼代表不喜欢参加公司的会议和培训，经常以“顾客打电话过来看楼”“已约好跟顾客谈合同”等为借口逃避会议和培训。不可否认，有时的确会发生公司事务与顾客服务时间冲突的情况，但作为一名诚信敬业的售楼人员必须实事求是，不能以之为借口，因为实事求是是获取顾客信任的最佳途径。

我在做房地产策划工作时，经常要去拜访发展商或者为他们提供服务。有一次，我所服务的发展商正在选择代理公司，所以我必须服务好。发展商要求我周一下午到场服务，但是按照我们公司规定，每周一下午 2：30 是公司例会时间，中层干部必须参加，如果不能参加，必须报告原因及所在位置。非常不凑巧的是，那天我的手机没电了，所以，到下午 2：30 时，我非常紧张，甚至有点不知所措，竟然站起来对发展商的一个副总说：“不好意思，我的手机没电了，能否借您的手机打个电话，我们公司规定周一下午 2：30 是例会时间，不参加必须打电话报告原因。”等我打完电话，我才意识到我的这一举动有点失礼，心想，这下肯定砸锅了。

第二天，我无精打采地来到办公室，一进门就看到老总冲我笑，笑得我心里直发麻。没想到，他走过来拍了拍我的肩膀，笑着说：“好小子，真有你的。”原来，前一天晚上发展商决定把楼盘的代理权给我们公司了，在此之前，我们公司的方案与另外一个代理公司的方案都得到了发展商的肯定，他们很难取舍，正是那天我借电话的举动，让发展商感触良多，他们感受到了我们公司员工高度的纪律意识和超强的执行力。

一个“借电话”的举动，换来了一个楼盘的代理权，本质上是用真诚赢得了客户的信任，只要抱有真诚的态度，一个眼神、一个举动甚至一句话，都可能让你获得一份订单，因为顾客的眼睛是雪亮的。每一家公司的制度都已经过反复推敲，是有其合理性的，所以，作为一名售楼人员，必须严格遵守公司的规章制度，当制度与客户需求发生冲突时，你可以大胆地向客户解释，这将有助于增强客户对你个人及你所在公司的信任。

从公司的角度来说，必须进行有效管理，才能将公司的整体优势发挥出来，大多数公司的制度正是以这个为目标制定的。服从命令、遵守制度是集体主义及团队精神的体现，售楼人员作为公司的一员，必须有极强的整体观念及团队精神，努力遵守公司的各项规章制度。在房地产这个行业中，凡是努力工作，勤勤恳恳卖楼的人，都是遵守公司规章制度的；那些能力差，爱偷懒的人却总是拖沓成风，想尽办法，找各种借口掩盖事实。

所以，要想获取客户对你的信任，就必须真诚地对待客户，任何刻意掩饰的东西都会像华丽的肥皂泡，必定破灭。

我听说过这样一件事情：一家大公司年终要评选一位最佳后勤服务人员，公司副总提名了一位员工，理由是他每次早到公司的时候，都发现这位员工已经到岗，而且是最早到岗的那个。很多人不服气，认为那只是碰巧，或者是装出来的，毕竟副总早到的次数有限。于是，他们就去人事部查这个人的打卡记录，想以事实来说话，结果发现，12 年来的每一天这位员工都是来得最早的那个人。

试问：碰巧能碰 12 年吗？装能装 12 年吗？如果你装着真诚对客户，一装就装 12 年，我想这也可以吧！

中国有句话：“对己之心对人，责人之心责己。”这就是在售楼过程中需要达到的境界吧！

第 9 章　成就售楼冠军的七个“谎言”

阻止我们前进的不是眼前的高山，而是鞋里的沙粒。每个人的面前都有一条通向远方的路，崎岖但充满了希望，为什么总是会有人走不到远方呢？因为总有人因没有倒掉鞋里的沙粒而疲惫不堪，最后半途而废。因此，主宰人感受的并非快乐和痛苦本身，而是心情。

“望梅止渴”这个成语故事，大家都非常熟悉，但真正清楚里面蕴含的规则，并应用到实践中的人并不多。“前面有杨梅”，并没有改变我们口渴的事实，但却使我们对“前面”充满了希望，从而使我们走向成功。在售楼工作中，当我们遇到挫折，疲惫、“口渴”、沮丧之时，如果前面也有一棵“可以听得见的杨梅树”，那必将带领我们跳出困境，迈向成功。

当我谈到成为售楼冠军的“谎言”时，很多人可能会不屑一顾，毕竟又有谁想与“谎言”结伴一生呢？其实这是误解，我的真实意思是，当我们不了解世界的真貌时，就无法知道自己的信念是对是错。然而，如果知道哪些信念是对的，不管我们遇到什么情况，都会相信那是对的。好比我们看远方的铁轨，如果对铁轨没有认识，我们会认为两条铁轨是交叉的，当我们知道铁轨永远不会交叉时，不管看到什么样的情景，都相信两条铁轨是平行的。为了更好地说明这个问题，在这里引用哈佛商学院的一个实验。

如果我们在两张透明的胶纸上分别印上图甲（一个丑陋的老太婆）和图丙（一位年轻漂亮的小姐），我们见到的结果也就与上面的图甲、图丙一样。可如果我们把两张透明胶纸重叠在一起，就会看到图乙。这个实验开始是把学生分成两组，先只发放图甲给甲组学生看，同时，只发放图丙给丙组学生看，然后，教授会把两张透明胶纸重叠，即得到图乙，投影出来给大家看，问大家看到了什么？所有甲组同学都说看到一个丑陋的老太婆，所有丙组同学都说看到了一位年轻漂亮的小姐。同一张图片，为什么会看到不同的结果呢？

的确这样，如果你看过图甲，再看图乙，会感觉图甲与图乙区别不大，自然会认为是一个丑陋的老太婆；如果你先看图丙，则会认为看到了一位年轻漂亮的小姐。其实，如果你看到那个丑陋的老太婆时，把老太婆的鼻子看成那个小姐的下巴，把老太婆的左眼看成小姐的左耳，把老太婆的嘴看成小姐脖子上的项链，她就成了一位年轻漂亮的小姐，反之亦然。

由此可以得出一个重要的观点，就是我们先前对事物的认识以及以往的经验经常控制着我们对周边事物的认知，不同认识及经验会产生不同的认知。也就是说，我们遇到各类事物时所产生的心情是非常主观的，在心灵中，如果只有天堂，地狱也可以变成天堂；相反，天堂也会变成地狱。为了克服我们在成为售楼冠军路上的各类挫折、困难乃至失败，在这里，非常有必要对这些挫折、困难和失败重新认识一下，当我们遇到这些挫折、困难和失败时，可以保持十足的信心，轻松地渡过难关，让我们心灵深处时刻只留住一个“天堂”。

在这里，“谎言”指的就是信念，建议你好好地理解以下这七个信念，看看对你是否有用。在我的房地产职业生涯中，我把这七个信念复制到我身上的确是很有用的。它们鼓舞人们做得更多、更好，得到更佳的结果。当然，这七个信念不能确保成功，只是一个开始，它们帮助过别人，希望对你也有用。

第一个信念：我是售楼冠军，我是最棒的

有一个故事，讲的是一个叫张三的人，一直很倒霉，做生意欠了一大笔钱，于是他就去找当地一个名气很大的算命先生算命。没想到，当他来到这个算命先生家里还没来得及开口，算命先生就说：“别动！别动！”上下打量着张三，长长舒口气，微笑着点头说：“年轻人，很好！”然后告诉张三，说张三是诸葛亮转世。张三将信将疑，因为他读书少，就连诸葛亮是谁都不知道。为了弄清楚诸葛亮是什么样的人，张三买了本《三国演义》回家看，当他了解到诸葛亮是什么样的人后，开始拼命学习、奋斗，五年后，取得了非常大的成功。为了感谢算得这么准的算命先生，张三再一次来到了这个算命先生的住所，由于屋里有人，他就只好在外面等候，突然，听到那个算命先生对屋里的人说：“年轻人，你命真好，你是诸葛亮转世。”这时，张三明白了一切。

当你知道自己将要成为什么样的人时，你就会全力以赴地去成为那个人。很多售楼人员总是怀疑自己不是做房地产的料，就更不用说相信自己是售楼冠军了。这种人一旦遇到一点小挫折，就开始动摇，试想：这种人又如何能把售楼工作做好呢？担心失败、怀疑自己，是一种毒害心灵的方式。当我们心存消极想法时，我们的生理状态、思考方式及心境与心情就都跟着改变，最消极的想法莫过于担心失败及怀疑自己。因此，从现在开始，你要抛弃以往这些错误的观念，立刻相信自己，并且大声喊出来：“我是售楼冠军，我是最棒的！”

第二个信念：天下没有卖不出去的房屋

生意场上有一句经典俗语：“没有卖不出去的货物，只有卖不出去的货价。”在这里，我不是想以此套用成“没有卖不出去的楼盘，只有卖不出去的楼价”，只希望能以此建立你的售楼信心，相信“天下没有卖不掉的房屋”。“信心”在你售出楼盘的过程中是非常重要的，当你

心里认为这个楼盘卖不出去时，就真的卖不出去了。

人类一直试图在 4 分钟内跑完 1 英里，据说古希腊选手为了打破这个纪录，甚至在背后放狮子追赶，但仍未达成。因为人类的骨骼结构限制、关节阻力太大、肺活量不够等，几千年来，大家都相信以人类的体能不可能 4 分钟内跑完。然而，有个人却证明了这一切全是错的。班尼斯特奇迹般地在 4 分钟内跑完了 1 英里；此后一年，37 个选手也做到了；又过了 1 年，300 位选手同样打破了纪录！在现在的世界级比赛中，只要有资格参赛的选手，哪怕是最后 1 名也能在 4 分钟内跑完 1 英里。

究竟发生了什么呢？人类的训练方法没有太大改变，人体的骨骼结构更没有任何进化，改变的只是人类的态度。在售楼过程中也是这样，改变你对楼盘的态度，就会改变你的销量，坚定信心，相信自己绝对能将房屋卖掉。不受失败的影响，不断地分析自己在售楼过程中哪些地方做得好，哪些地方可以做得更好。对于房屋价格要有信心，不要轻易降价；不要随时有底价观念；不要以客户的出价为基础来做价格谈判，不论客户出价在底价以上或以下，都要艺术地拒绝。目的在于让客户认为你的出价是合理的，而且让他觉得你在争取成交价格的过程中很辛苦，从而使客户获得安全感、满足感。

第三个信念：凡我接待过的客户一定会跟我买楼

一些有经验的售楼代表喜欢挑剔客人，这是非常危险的。当然，寻找到有买楼能力、买楼欲望并能做决策的人看楼当然是最好的，问题的关键是，如果我们总是希望只接待这类人看楼，那我们在带所有客人看楼的过程中就会戴上有色眼镜，对待客人时就会出现厚此薄彼的现象。一个购楼者的买楼过程一般不会一下子结束，通常会看两三次楼，或者更多，在你还没有绝对把握成交时，你的热情、肢体动作等将会无意识地停留在较低的服务水平，这是非常危险的举动。

“凡进来的，必是买楼的”，在我从事房地产销售工作的第一天，我的上司就这样教导我。当我深信这句真理后，每当接待客人时，我都会表现出百分之百的热情，因为，他要向我买楼，他是我生命中的贵人，我当然要做到最好的服务。因此，我很在乎他，我很细心、耐心地询问他的购房需求，我很热情地为他服务，我会经常联系他。试想：如果你还在怀疑这个人是否会向你买楼，你能这样百分之百地投入吗？你能这么有效地把房屋推销给他吗？

第四个信念：我卖的房子是最好的，也是客户最需要的

有一次，我们销售一个一手楼盘，在楼盘还有半年才开盘销售时，发展商就放风说楼价要 6000 元/平方米。当时，我们都非常震惊，因为这个价位可是比同地段的楼价高出 600 元/平方米，我们一致认为这个价格很难卖。于是，发展商对我们说：“连你们都认为楼价太高，还怎么能说服消费者接受这个楼价呢？”然后，他耐心地解释楼价为什么要这么高，从装修、间隔、园景等各项优点逐一说明，直到我们相信这个楼盘值这个价为止。于是，在这半年里，我们不停地约一些以往的客户看楼。在开盘的前一天，发展商突然公布楼价为 5300 元/平方米，这个消息让我们非常振奋，没想到这个楼盘这么物超所值，我们对楼盘的评价及信心立即感染了购楼者，不到一个星期，两百多套单位就全部售完了。

“相信”的力量是无穷的，试想：当你深信你所卖的楼盘是最好的，也是客户最需要的，顾客不买将会后悔的时候，你向顾客推销你所卖房屋时的那种自信是没有什么可以掩盖的。同时，你也会义无反顾地向顾客展示你的楼盘的所有优点，直至他买楼。

第五个信念：售楼工作即游戏

“是喜欢自己的工作，容易成功，还是不喜欢自己的工作，容易成

功?”我想这个问题是不需要回答的，我还没有听说过哪个人因为讨厌自己的工作，而获得很大的成功。马克·吐温说过：“成功的秘诀，是把工作视为休闲。”我想这就道出了其中的原因。

售楼工作，特别是二手楼销售，是一件非常辛苦的工作，需要你付出艰辛，要求你的智慧和体力并行，正如前文所说的那样，是一件“痛苦并快乐”的工作。然而，每一个人的精力都是有限的，“哪怕是上帝，他也要休息一天”。售楼工作不时会令我们疲倦，甚至产生职业倦怠。因此，在你的售楼职业生涯中，你的内心一定要非常喜欢这份工作，才有可能战胜一切疲劳和倦怠，直到成功。

玩游戏大家都非常喜欢，而且不容易感到疲劳。因此，如果你把售楼工作看成游戏，就可以把自己的工作和自己的兴趣密切结合在一起。我不希望你成为一个工作狂，没有一丝休闲时间，我们可以把游戏时的心境、好奇心及活力带到工作中去，不断拓展自我、获取新知、探求新境界，迈向更为充实的人生。

第六个信念：卖楼过程中发生的任何事情，我都会负起责任

饥寒交迫的三只小老鼠一起去偷油，它们采用叠罗汉的方式，轮流喝油。当其中一只老鼠爬到另外两只老鼠的肩膀上，即将“成功”时，油瓶突然倒了，巨响惊醒了主人，它们只好无奈地逃回洞里。于是，它们聚在一起开了个内部会议，检讨这次集体偷油失败的潜在原因。最上面的老鼠说：“因为下面的老鼠抖动了一下，所以我不小心碰倒了油瓶。”中间那只老鼠说：“我感觉到下面的老鼠抽搐了一下，于是我抖动了一下。”而最下面的老鼠说：“我隐约听见有猫的叫声，所以抽搐了一下。”原来如此，谁都没有责任。

在售楼工作中，你是不是觉得以上这种情况似曾相识呢？当出现问题的时候，很多人不是把焦点放在如何解决问题上，而是放在寻找推卸责任的借口上，正如很多人平时工作不是把焦点放在工作本身，而是放

在如何讨好上司一样，这种思维方式是非常有害的。当楼盘没卖好、业绩没完成、客户有投诉等情况发生时，你在做什么呢？你是在想办法解决问题，还是在寻找推卸责任的借口呢？我听过最好笑的一种借口是，现在的客户越来越刁钻，很难完成任务。这多么可笑，竟然把完不成任务的原因归结到客户那里。

在工作中要勇于承担责任，当客户说间隔不太好、楼价太高了，或者地段不太好时，我们不要受客户影响，认为这个楼盘很难卖，而应该多想想，既然这样，为了让这个楼盘能热销，我能做些什么呢？我想，这就是售楼冠军与非售楼冠军的本质区别。下面是我在其他书上看到的一段话，希望与大家共勉。

我不能改变生命的长度，但可以改变它的宽度；

我不能控制每日的天气，但可以把握自己的心情；

我不能决定自己的容貌，但可以展现自己的笑容；

我不能控制他人，但可以掌握自己；

我不能预知明天，但可以利用今天；

我不会事事顺利，但可以事事尽力！

第七个信念：凡事必有利于我

大家都非常熟悉“塞翁失马”这个成语，其中的道理在售楼工作中非常有用。售楼工作一定不会是一帆风顺的，肯定会有各种困难发生，必须抱有“凡事必有利于我”的积极心态，并从中找到有利于自己成长的东西。

在我的培训课上，我经常教导学生要学会“词语转换”。比如，你的上司问你今天带了几个人看楼，成交了几套房子，真实情况可能是带了五个人看楼，但成交了零套，所以在你的脑海里会立即浮现出“我今天失败了五次”这个场景，这对你是非常不利的，因为失败将令你更加消极，甚至在以后的工作中都无法保持高昂的斗志。这时，我会让学生进行词语转换，把“失败”转换成“老师”，这时你的脑海里就会浮现出另外一个场景——我今天遇到了五个“老师”，第一个“老师”是因为我没把握住客户需求，带他看错楼了，所以下次遇到客户时，一定要把客户需求询问清楚；第二个“老师”是我“逼定”逼得太急了，下次遇到这种情况，一定要慢慢引导；第三个“老师”是……当你这样转换售楼词语时，你会发现你离售楼冠军的山顶越来越近。在课堂上，我会要求学生们找出售楼过程中需要转换的词语，同时，让他们记住10个转换后的词语。

转换词语对售楼工作有非常大的帮助，就像爱迪生发明灯泡的过程一样，在第9999次失败时，有人问他：“你失败了9999次，还要不要再试一次?”爱迪生说：“我没有失败，我已经成功地发现了9999种材料不能做灯丝。”

抱着“凡事必有利于我”的信念去售楼，可以让我们抱着愉悦的心情面对售楼过程中的各种挫折，让我们始终保持正面思维。有一次，一位大家公认的思维非常正面的光头神父与一个年轻人交谈时，一堆鸽子屎掉在了他的光头上，年轻人笑着对神父说：“这下你正面不起来了吧?”没想到神父却说：“上帝，谢谢你！没有让牛也长出翅膀。”售楼工作同样需要这种正面思维，因为“凡事必有利于我”。

除了上述七种信念外，一定还有其他信念能够帮助我们向售楼冠军迈进。为了更好、更快地成为售楼冠军，请你留意观察售楼冠军们，一定会有所收获。

准备篇

不从扎马步练起，何以笑傲江湖？ 要想成为售楼冠军，就必须先锤炼出售楼冠军的 DNA；就必须按照售楼冠军的思维模式不断提升自己；就必须塑造出自己的冠军特质。 这一切都验证了那句真理：“准备是成功之母。”要成为售楼冠军，就要有售楼冠军的样子。

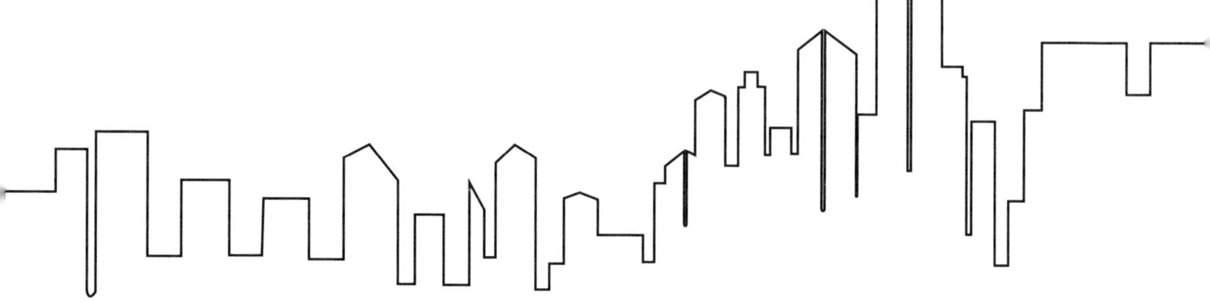

第 10 章　售楼人员的十项全能

进入信息时代，社会、市场、客户都发生了很大变化，更为重要的是，变化的周期越来越短，要想在瞬息万变的市场中胜出，唯有不断总结和学习。在我的房地产工作生涯中，我一方面勤于学习、钻研，另一方面大胆地总结、实践，在前人研究的基础上，总结出售楼人员的十项全能：一表人才、两套西装、三双皮鞋、四两口才、五谷皆食、六欲不张、七分殷勤、八方交往、九分耐心、十足信心。

技巧一：一表人才

一个成功的售楼人员必须具有个人魅力，要给客户留下良好的印象，这既有利于以后的沟通，也有利于下一步销售工作的推进。

虽然有“推销从推销自己开始”的说法，但并不是说售楼人员必须高大魁梧、英俊潇洒，或是沉鱼落雁、国色天香，只是对售楼人员的仪表会有比较严格的要求，比如，头发、面部、手部要干净，勤洗澡，确保身上无异味，女士要化淡妆、适当佩戴饰品等；另外，对售楼人员的表情、手势、站姿、坐姿、公共礼仪、商务礼仪等也有相应要求（这些内容在礼仪篇介绍）。通过对售楼人员仪态仪表的要求，让他们时刻保持“成功”的外表，这就是“一表人才”在这里的真实含义。

技巧二：两套西装

“成功”的外表离不开得体的穿着，穿着最能体现一个人的职业性质。就一个售楼人员的穿着来说，“两套西装”的重点不在“两”字，而在“套”字，无论男士还是女士，职业套装是最理想的。穿着职业套装既可以增强自信心，也能够让客户更加信任我们。有些房地产公司或中介代理公司并不提供统一的职业装，这时你就需要进行你房地产销售工作的第一笔投资——投资一套适合自己的职业套装。

技巧三：三双皮鞋

“三双皮鞋”并不是真的让你准备三双皮鞋，而是要求你有非常强的行动力。“一个人的成功，并不在于他知道多少，而在于他做了多少”，这一点很关键。人要奔跑起来，用行动证明一切，强大的行动力要有不辞劳苦的行业精神支撑，把带客户看楼当成快乐的郊游活动，就能很好地提高销售能动性，创造出好的售楼业绩。

此外，强大的行动力还需要很强的学习能力来配合，比如，熟悉市场，熟悉所售楼盘，熟悉房地产相关知识，熟练掌握沟通技能、成交技巧等。

技巧四：四两口才

好的口才可以为你的事业助力，但是在售楼过程中我并不主张售楼人员说个没完，只充当售楼解说员的角色，比较好的做法是不断地向客户提出适当的问题。好口才的作用应体现在“灵活应对”和“幽默”上，以营造轻松的售楼环境，让客户放松，减少不必要的戒备，达到深入沟通的目的，从而推动销售工作的开展。

有一次，我带一个客户去看楼，客户对房子比较满意，但为了争取砍价空间，她开始挑毛病。她发现附近有个发电场，就以发电场附近磁场太大，对身体健康不利为由，挑剔这套房子的不足。于是，我笑着对客户说："发电场好啊！这样你可以每天都用到最'新鲜'的电啊。"你要让客户在你的幽默中忘记他提出来的那些根本不是问题的问题，解除他的抗拒。

技巧五：五谷皆食

通常的"五谷"指的是黍、稷、麦、菽、稻，这里的"五谷皆食"指的是售楼人员要保持身体健康，拥有健康的体魄，是事业成功的基础。售楼是一项艰辛的工作，售楼人员平时要注意身体健康，多吃蔬菜、水果，注重营养均衡，不要挑食，不要用牙齿给自己挖掘"坟墓"，也不要过度饮酒、吸烟来戕害身体。另外，不要成天坐在电视机前或是抱着手机麻痹头脑，可以多参加一些运动或是多阅读一些图书、杂志等，以充实头脑，增强活力。

技巧六：六欲不张

专业的售楼人员既需要健康的身体，也需要健康的身心，"六欲不张"就是要求我们保持健康身心。我们都是有七情六欲[①]的普通人，达不到佛家所说的"六根清净、四大皆空"的境界，也不可能变成不食人间烟火的圣人，"六欲不张"就是要求我们凡事要有节制，保持健康的生活状态。

技巧七：七分殷勤

每个人都希望被赞美、被肯定，这是人性的体现，我们可以利用它来提高售楼业绩，改善人际关系。"七分殷勤"说的是我们在售楼过程

---

① 七情，《礼记·礼运》中指喜、怒、哀、惧、爱、恶、欲，泛指情感表现及心理活动；六欲，《吕氏春秋·贵生》中指生、死、耳、目、口、鼻所生的欲望，泛指人的生理需求及欲望。

中要多赞美客户，恰当地肯定客户，增强客户对你的信赖感，从而达成销售。此外，“七分殷勤”也是对售楼人员服务意识的要求，在售楼过程中，任何时间、任何地点、任何环节、任何事情都要为客户提供最好的服务。

技巧八：八方交往

很多成功人士都认可这样一个公式：成功=80%的人际关系+20%的知识。由此可见，人生中最大的财富莫过于人际关系，良好的人际关系有助于你的事业发展。作为一个售楼人员，就是要“八方交往”，广结善缘，不断扩大自己的生活圈子。人际关系涉及感情、家庭、工作以及社交方方面面。

技巧九：九分耐心

大多数交易都不会一帆风顺，绝大多数客户也不会只看一次楼就决定购买，更不可能为迁就售楼人员而买楼。售楼跟其他销售一样，需要耐心，耐力也是销售力。

当客户对某些问题没弄明白时，你要耐心地再讲一遍；当客户对你有误解时，你要耐心地再解释一遍；当客户喋喋不休时，你要耐心地再多听一阵；当客户说不买时，你要耐心地再跟他多沟通一次。只要你多几分耐心，事情就会柳暗花明。

耐心是一种能力，能够提高售楼业绩。

技巧十：十足信心

信心是一个人能否成功的关键，售楼人员在工作中必须保持百分之百的信心。

第 11 章 成就售楼冠军的 ASK 模型

在我的房地产销售培训课上，我要求学员每天在工作中都要做到这十个“一点”，即自信足一点，肚量大一点，脾气小一点，诚信多一点，借口少一点，嘴巴甜一点，行动快一点，热情高一点，微笑露一点，脑筋活一点。我想，这就是所谓的修炼吧。我不想用空洞的理论告诉大家去做个苦行僧，只希望告诉大家在自己的售楼人生中，如何进行自我完善，做个快乐高效的售楼人。

有一次，我问学员们：“要成为一个售楼精英必须具备什么素质?”学员们踊跃回答，答案五花八门，我大致归纳了一下，可以分为八个方面：一是对企业的认识，要求售楼人员认同企业的价值观及其楼盘等；二是观念方面，要求售楼人员持有正确的售楼态度，包括对购楼者的态度，对楼盘的态度，对待挫折的态度，超越他人、超越自己的态度，同时要有强烈的动机和取悦他人的欲望，要设身处地为顾客着想等；三是品德方面，要求售楼人员诚实、正直、公平、公正、胸怀宽广、宽厚待人、直率、勇敢、忠诚、敬业，具有责任感等；四是心态方面，要求售楼人员积极、主动、乐观，具有正面思维和激情等；五是管理方面，包括具有自我管理、时间管理、与人合作、客户管理等能力；六是技能方面，包括熟悉销售流程、按揭流程，掌握房地产销售的基本技能等；七是专业知识方面，包括熟悉楼盘、房地产市场、房地产交易法律法规、房地产术语、竞争对手的产品及相关情况、项目优劣势，了解房地产发展趋势，有一定的规划设计知识，懂一点风水等；八是技巧方面，包括如何打造良好的专业形象，探测需求的技巧、制造热销场景的技巧、沟通技巧、逼定技巧、谈价技巧、成交技巧、服务技巧等。

成为一个优秀的售楼人员需要掌握的东西非常多，对一个刚涉足房地产销售的人来说，要掌握这些东西非常不容易。所以，在我的培训课中，我将这些技能进行了简化，使它们简单易记。我将它们概括为三方面：一是态度方面（Attitude），二是技巧方面（Skill），三是专业知识方面（Knowledge），统称为ASK模型，其中认知、观念、品德及心态等属于态度方面；管理技能、专业技能、专业知识等属于专业知识方面；其他部分就属于技巧方面了。

第 12 章　售楼精英常用的“十八般武器”

售楼人员必须有自己的“武器”（工具），不能是“空手道”专家。

龟兔赛跑的故事大家都知道，因为兔子在半路睡着了，导致最终的失败。这里我要讲的是第二次龟兔赛跑的故事。第一次龟兔赛跑中乌龟赢了，兔子非常不服气，心想：我要是不在路上睡觉肯定不会输。于是，它再次向乌龟发起挑战，第二次龟兔赛跑上演了。

乌龟与兔子再次来到起跑线，枪响后兔子撒腿就跑，拼命向目的地跑去。一路上，兔子记住了第一次失败的教训，再也不敢睡觉了。再看乌龟，不慌不忙，一副胸有成竹的样子，待兔子跑了一阵后，来了一架直升机，乌龟登上直升机，直奔目的地。当兔子气喘吁吁、兴高采烈地向目的地冲刺时，发现乌龟早已大摇大摆地在前面等着它了。

人类与动物最根本的区别就是人类会使用工具，吃饭会用筷子，走路会穿鞋，写字会用笔，捆东西会用绳子等，在第二次龟兔赛跑中乌龟胜出的原因也是利用了工具。为了达到目的，我们或多或少都会使用工具，工具帮助我们更快、更好地完成任务。此外，不同的工具所产生的效果是有差别的，而达到同样一个目的，也可以使用不同的工具，比如，我们要去某地，可以走路去、骑车去、坐车去，或者乘飞机去，只是使用不同工具所需要的时间和舒适度是有区别的，即效率不同。

在售楼工作中，你使用售楼工具了吗？或许你使用了售楼工具，但我还要问你：你的售楼工具是否齐全，是否先进？当你还不是一个售楼冠军时，当你的业绩不太好时，你是否这样想过：当我砍柴砍不动时，不要怪柴太硬，先看看自己手中的柴刀是否足够锋利。所以，售楼人员要掌握以下“十八般武器”（见表 12-1）。

表 12-1　售楼人员的工具箱

售楼工具	一手楼	二手楼
* 一个高档点的包（树立形象）	√	√
* 足够多的名片（随时建立人脉关系）	√	√
* 跟进记录的笔记本	√	√
* 一支高档的笔（关键时刻不要写不出来）	√	√
* 客户联系电话本	√	√
* 楼书及价格表、相关宣传资料	√	
* 激光笔（方便介绍）	√	
* 计算器及银行月供款表	√	√
* 承诺书（认购书）	√	√
* 电量充足的手机（不要联系不到你）	√	√
* 纸巾或手巾（出汗时可保持整洁、干净）	√	√
地图或地图册（不认识路时方便查找）		√
小手电（可挂在钥匙上，方便看水电表）		√
卷尺（方便告诉客人房间的尺寸）		√
数码相机（看楼时可拍些照片，方便下次介绍）		√
女同事（镜子、梳子、口红、备用丝袜）	√	√
有关楼盘（或公司）的正面报道、得奖报道	√	√
对楼盘有利的规划报道或详细规划资料	√	
有关楼盘的统计或调查资料	√	
获奖证书复印件	√	√
* 沙盘（售楼部，好的沙盘更有利于楼盘介绍）	√	
* 预售许可证（证明预售资格，一般放在售楼部）	√	
房产证复印件（二手楼）		√
顾客感谢信函	√	√

注：加 * 为必备工具，其他根据实际情况使用。

售楼人员的工具箱主要列出了售楼人员的常规“武器”，是不是还有其他售楼工具呢？这是当然的，你可以根据自己的情况制造自己的“秘密武器”（各地房地产市场情况不一样，用到的工具会有所不同）。有些工具是可以“几合一”的（即几个合成一个，方便携带），也有的可以无纸化，如不少售楼部在帮客户计算房价时，就利用一些售楼软件，直接把一次付款清单、按揭付款清单打印出来，提高售楼效率。

此外，需要提醒售楼人员的是，包里不能太乱，要避免在关键时刻找不到东西，给客人一种不专业的感觉。

当你将售楼工具准备齐全以后，是否检测过它们的先进性呢？

海湾战争是一场武器的竞争。先进的武器可以创造胜出的优势，如果你想在售楼工作中胜出，就必须打磨你的售楼“武器”。在我的培训课程中，我经常带领学员一起打磨售楼“武器”。比如，要打造一个好的沙盘，可以在模型中给每一种户型装配一种灯光，给客人介绍某种户型时，就打开该户型对应的灯，给客人一种非常明确的方位感；有些售楼处配备实景录像，把客户对楼盘的憧憬用动态图像表现出来，增强客户的购买欲望及购买冲动；对于一座有新型节能材料外墙的写字楼，售楼人员为了突出其节能的卖点，可以在宣传单上写一个大大的“25%”，当客人接到宣传单时，就会对 25% 表示疑惑，售楼人员就可以利用这个契机向他讲解这种新型外墙材料以及它的各种特点，从而给客人留下深刻的“节能”印象。

总之，一方面，售楼人员要配齐售楼“武器”；另一方面，要使用高科技售楼“武器”，使售楼更有效率。

第13章　售楼冠军是“打”出来的

我在培训中经常听到这样的声音：“我的销售能力很强，但公司没有把我安排到好的楼盘去，调我到这样的楼盘，叫我怎么卖楼啊”“我们经理（主管）真偏心，好的客户都给了那些没什么能力的人，分些不那么优质的客户给我，叫我如何有好的业绩啊”“那个人没什么能力，有这么好的业绩还不都是因那个楼盘好卖，要不就是他在的那家分店位置好”等，好像自己是个了不起的人物，非常有能力，只是上司没眼光，或者运气不够好。这些人有一个共同特点，就是都有一种怀才不遇的感觉，工作中没有一点激情，不能尽情投入，业绩也不太好。

“怀才就像怀孕，久了才看得出来”，无论你在什么地方工作，你到底是“才”还是“材”，没有人能够一眼看出来，是“才”就要用时间、行动及结果证明，煤堆里挖金子——必须得淘，只放在那里，是发不出光的；如果你仅仅是一堆“材”，那也只好拿去烧开水喝了，毕竟那也叫人尽其“材”。好的售楼人员是“打”出来的，不是“伯乐”看出来的。我非常欣赏海尔公司“赛马而不相马”的用人哲学，这一观点在售楼工作中也同样适用。不要寄希望于一来到公司，就被别人发现你的销售能力，销售能力是通过销售实践和业绩展现出来的。在售楼过程中，根本不存在什么怀才不遇，无论你被分配到什么样的楼盘、什么样的分店，上司对你的能力如何不了解，你都要百分之百地投入，证明你的实力，千万不要用消极的态度埋没自己的销售才华。

售楼人员的销售能力不是天生的，是训练出来的。我经常分享这样一个观点：“舞是跳出来的，售楼能力是练出来的。”的确是这样，没有谁能够在看完一本关于跳舞的书以后就会跳舞了，售楼能力也如此，需要通过不断的训练进行提升，这种训练可以是售楼实践，也可以是实战培训。

对于培训，应该从两个层面去理解：一个是个人要不断地学习，投资自己，使自己的能力不断提升；另一个是公司不要充当“伯乐”，武断地相出“千里马”，而要给售楼人员提供合适的“擂台”，让他们一个一个“打”出来。关于个人学习，将在后面章节进行讲解，这里重点讲解作为公司，应该如何让员工顺利“打”出来，如何“赛马而不相马”。

我在公司企划部工作时，一名销售精英被提升为分店经理后，工作热情高涨，可以说是没日没夜地工作。但是，不到半年，她就静悄悄地离开了公司。后来，我负责销售工作时，还听到她的旧部下跟我吐槽。从销售精英升为店长需要进行几个角色的转变，要从“能人”向“领导者”转变，从“个人”向“团队”转变，从“销售工作”向“管理工作”转变等，这些在销售实践中训练的机会不多。

管理学上有这样一种说法：“大多数人离职是因为升官了”，很多人可能觉得不可思议，但事实恰恰如此。现在大多数企业都不想培养人才，甚至有老板说：“我们之所以不想花钱培养人，是因为一旦培养出来，很多人就走了，白白浪费那么多培训费。”这样的现象的确普遍存在，但试想，有没有军队不训练士兵，就直接把他们推上战场的呢？售楼工作是没有硝烟的战场，战场上流血，商场上流汗，但制胜原理是一样的。如果你不培训员工，就将他们直接推向市场，浪费的可就不仅那一点点培训费了，而是你的生意和对品牌的透支。

美国凯莎琳面包创始人凯莎琳曾经说过这样一句话：“假如面包里

发现一粒沙子，就可能使我们失去几斤金币。”为了确保不会失去几斤金币，你会对员工做些什么呢？培训员工可能会导致部分员工离去，从而浪费部分培训费用，但是如果不培训，是否会产生更大的浪费呢？

管理学上有一个“彼得原理”，讲的是在企业内部，每一个人都努力地往上爬，总有一天会升到自己不能胜任的工作岗位。如果一个人没有提高自己的能力，同时，公司也没有提供足够的培训让他胜任岗位，只因害怕他离去，而盲目提拔他，只会让他更快地离去。《晋书》中有这样一句话：“我不杀伯仁，伯仁却因我而死。”《孙子兵法》中也有一句类似的话：“不教而战，谓之杀。”讲的都是这个现象。

作为企业老板，要有冷静的头脑和温暖的心，并能够正确对待人才培养问题。如果老板舍得花几十万元装修自己的办公室，却不舍得“装修”一下自己的员工，那么他的办公室无异于白装修。

第 14 章　如何快速建立购楼“客户银行”

有一次，我打电话给一位客户，他在一个月前买了我介绍的一套几乎是全新装修的豪宅，我估计他已经住进去了，于是打电话想问问他感觉怎么样，没想到这位客户跟我说：“邓先生，这是我第一次在买完楼以后接到物业顾问的电话。我前后换了四套房子，都是从不同的物业顾问处买来的，你知道为什么吗？因为每个人在我签完《房地产买卖合同》并收走佣金后就不见人影了，你还是第一个在售后打电话给我的物业顾问。”

有些人一辈子只买卖一次房子，有些人一辈子买卖好几次房子，还有些人换房子就像换衣服那么频繁，无论以上哪种情况，一次买楼后，短期内再次购买的可能性都不大。于是，很多售楼人员就认为售后服务对提高业绩帮助不大。

如果你这样想就忽视了一个事实，即“物以类聚，人以群分”，每个人都有自己的人际关系网，而这些人际关系网当中的人特征都是非常相似的。换句话说，当一个人到了买卖房屋的年纪时，他周边也会有很多人处于与他相同的状况，很可能也需要买卖房屋。

促成一宗房屋交易并不少见，真正厉害的售楼人员是今天就把客户以后要买或要卖的生意全部促成。记住：一瓶水只能让我们喝上一天，但要是挖口井，我们就天天有水喝了。不少售楼人员整天拼命寻找新客户，却没有想过怎样挖掘老客户。

售楼人生就像一个大的储水池，池顶有一根进水管，池底有一根出水管，如果出水管出水量大于进水管进水量，你就永远都没水喝，即使进水管进水量大于出水管出水量，如果出水管不停地往外流水，要装满池子，速度也不可能很快。如果你要用更短的时间将水装满池子，有两种办法：一种是拼命扩大进水管进水量，但这存在极限；另一种就是尽量减少出水管出水量，甚至堵住出水管，这种方法更有效。

由此可见，如果想让售楼工作更加出色，更加有效率，就必须建立自己的储客池，即“客户银行”，要尽量减少出客量，以降低客户流失量。那么，如何避免客户流失呢？

1. 服务力产生销售力

在房地产工作实践中，我发现在很多售楼人员的认识中都存在一个误区，认为不产生销售的事情就不必去做，甚至要求公司给配备强大的售后服务队伍，好像服务与他们无关似的。人是感情动物，很多事情是别人替代不了的，就像我自己经历的那个案例一样，打个电话问候一下购房者住得好不好，这样一个非常简单的举动就有可能提升你的销售业绩。作为售楼人员，必须有非常强的服务意识，不能一味地追求“有偿”服务。或许，你听过“最高境界的剑客，就是手中无剑胜有剑”这一说法，顶尖售楼人员服务的最高境界，正是“无偿胜有偿”。

2. 熟人圈滚雪球

每个人都有自己的生活圈——家人、亲戚、朋友、同学、同事等，而这些人又各自有自己的生活圈。除此之外，散步、乘坐公交车有机会认识一些朋友；购物、剪发、干洗衣服，或是去其他消费场所，也有可能结识朋友；自己的老师、教练等更有广泛的朋友圈，这些人都有潜在的买楼需求，都有可能成为你的客户。

“有熟人好办事”，卖楼阻力也会小一些。你千万不要轻易放弃身边的熟人，要跟他们保持联络，告诉他们你在做什么，并真诚、友善地对待每一个人，他们都会成为你真正的熟人，甚至介绍他们的熟人跟你买楼。熟人圈就像滚雪球一样会越来越大，帮助你迅速拓展售楼事业。

3. 认养“孤儿”

每家房地产公司或中介代理公司都有人员离职的情况发生，离职人员手上的客户如何管理，是令很多公司头疼的问题。多数公司只对近期比较活跃的客户表现出较高的关注度，对不太活跃的客户则表现得漠不关心，所以这些客户就处于“孤儿”状态。其实，适时关注一下这部分客户，会有意想不到的收获。如果你是主管或经理，一定要将这部分客户分配好，并逐一跟进；如果你是公司的新进员工，可以让主管或经理分些“孤儿”给你。

4. 合作创造“双赢”

“同行是冤家”，这个观点并不一定正确，有时真诚的合作会另辟一片天地。我们通常会有这样一种心理，就是自己做不了的事不甘心便宜熟人，觉得干这种无偿的事没有意义。比如，你是一个在广州工作的售楼人员，自己之前的一个客户要调动到上海工作，需要在上海租套房子，刚好你有朋友在上海做房地产中介，他希望你的上海朋友能帮帮忙。这时，多数人的做法都是先跟自己的朋友谈成交后的佣金分成，如果没有佣金，就让客户去其他不相识的中介公司租房子，就是不想便宜自己的朋友。这个例子中客户所在的城市距离你所在的城市很远，即使在同一座城市，这种情况也普遍存在，比如你在城东，客户要租城西的房子，你做不了，那么你“便宜”了你的朋友没有？当然，如果是大公司，相信这样的问题是可以通过公司内部资源整合来解决的。

遇到类似的问题，能够与朋友分成当然是最好的，但有些时候，即使没有得到佣金分成也要先“便宜”朋友。因为地球是圆的，下一次也许就轮到他给你介绍客户了。相信真诚会吸引真诚，爱心会吸引爱心，只有合作，才能双赢。

第 15 章　如何制造购楼“仙境”

你有没有注意到这样一些现象呢？一般来说，赌场是不会有窗户和时钟的；大型购物场所不会是一条笔直的路，基本是设计成环形路；饭店的电梯旁边通常会设置一些镜子，这些都是商业秘密。

如果在一个大型会场的舞台上，有一位男士拿着一叠 50 元的全新人民币叫卖着，只要 20 元就能够买一张 50 元的新币。你或许会想，这家伙一定是个疯子，要不那叠 50 元就是假币。正当你犹豫不决时，有个人上去买了一张，回来一看，是真的 50 元，这时会发生什么呢？当然是人们蜂拥到舞台上抢购，因为这太物超所值了，没有人想错过。

如果换一个场所，这位男士是在大街上叫卖的话，会发生什么呢？大概用不了多久，警察就来了吧。这说明，推销不是说服别人来买就够了，而是要创造一种让人想购买的氛围，让顾客们尽情购买。

在大型购物场所，如果设计一条笔直的路，你看完所有商品的概率就会很低，一圈一圈的路径设计，就是让你有机会看完所有商品。顾客看得越多，购买的机会就越多，购买的可能性就越大。

就餐时间一般客流量比较大，饭店的电梯往往不够用，这就增加了顾客等电梯的时间。这时，如果电梯附近有一面大镜子，顾客们等电梯时可以在镜子前顾影自怜，通常就会忽视等电梯的时间，也就不会有什么不满的情绪了。镜子可是比电梯便宜多了，这是饭店的小心机，对于消除顾客的不满情绪非常有效。

这种制造消费氛围的手法在许多领域都得到了广泛使用，比如，一些儿童医院的护士们不再是清一色的“白衣天使”，而是换上各种各样的卡通服装，让孩子们对医院不再恐惧，喜欢上这样的医院环境，从而让家长愿意带孩子到这些医院就诊。

那么，在售楼过程中又该如何制造适宜的售楼氛围呢？

这需要从两方面入手：一是正确布置环境并注意言行，以消除阻碍客户下决心购买的各种因素，这包括正确行为和错误行为；二是制造一种让客户尽情购楼的氛围，并让他们置身于这种氛围中，最好的方式莫过于让他们喜欢上这个楼盘，并制造“僧多粥少”的局面。下面从销售现场的软硬件配置方面讲解如何营造氛围（见表 15-1、表 15-2）。

表 15-1　销售现场布置

	标　准	避免行为
售楼部或分店	光线充足，可放背景音乐，空调操作正常，空气流通，销售资料齐全，桌面整洁，只能摆放文具	报纸文具凌乱放置，桌面肮脏
阅读刊物	最好不允许在售楼部/分店内看	摊开报纸，覆盖桌子，低头阅读
吸烟	不许在销售中心吸烟	客人邀请即接受
进食	禁止进食	口嚼食物与客人交谈
职员证	佩带于前襟统一位置	反转背面，挂于腰间
男士衣着	公司统一标准	撸起衣袖，缺纽扣，线松脱，有污垢

表 15-1 只是罗列了销售现场布置的基本要求，一些特殊要求要根据楼盘或分店的具体情况而定。我在踩盘过程中发现，一些带有夏威夷风情的楼盘，其售楼人员的职业套装换成了带有夏威夷风情的休闲装，目的是让客户能充分感受夏威夷风情，甚至在售楼处的一个角落铺上沙子，放上太阳椅；一些以地铁为卖点的楼盘，则在售楼处摆放了一个地铁车头，强化地铁在人们头脑中的印象；在一些做二手楼买卖的店铺

里，会摆放一堆以往签订的售楼合同，而且故意摆放在显眼的地方，目的是让客户感受到他们的生意好，不赶快做决定，好房子就可能会被其他人买走；还有不少门店会把公司的荣誉奖状、客户的感谢信、客户赠送的锦旗等挂在最显眼的位置，以增强客户对公司的信任感。

表 15-2 售楼人员标准

	标　准	避免行为
女士衣着	公司统一标准	袒胸露背，透明装，破洞袜，露趾鞋
头发	男忌长发，女最好盘发	胡须未修整，有头屑，憔悴，戴夸张发饰
化妆	淡妆，简单饰物，涂口红	浓妆，过浓香水味
个人卫生	口气清新，指甲整齐清洁	打哈欠，饮过量酒致使衣服有味

以上所讲的软硬件配置，主要是从大环境出发的。就售楼人员个人而言，也可以制造出“僧多粥少”的局面，这主要靠售楼技巧，这部分内容将在后面的章节重点讲解。

第 16 章　穿越售楼时光隧道

报社的新闻记者：“赶快！如果截稿时间前交不了稿，就不是头条了。”

海滩上的旅客：“亲爱的，多晒一会儿，这儿晒太阳真舒服。”

监狱里的囚犯：“怎么搞的，才过一天，我怎么觉得好像过了一年？”

热恋中的情人：“不会吧，我们刚刚才来，怎么就三个小时了呢？”

时间就是这样，有时让我们感觉紧迫，觉得不够用；有时让我们感觉舒服，可以不慌不忙；有时让我们难过，觉得它太漫长；有时让我们留恋，觉得它过得太快了。时间到底是什么呢？为什么我们会品尝出这么多味道呢？

爱因斯坦说：“一切与生俱来的赠品中，时间最宝贵。”管理大师彼德·杜拉克说：“时间是最高贵而有限的资源。”我想，如果让 1000 个人来回答“时间是什么”这个问题，可能会有 1000 种答案，但时间的“有限性”和“不可逆转性”这两大基本属性不会改变。时间对于每个人都是绝对公平的，每个人每天拥有的时间都是相同的，也是免费的，关键在于你如何管理和经营它，你想得到什么样的结果，完全由管理和经营方式决定。你选择良药，时间就是良药；你选择毒药，时间就是毒药。人生的成就在某种程度上取决于一个人对时间管理和经营方式的选择，售楼工作也如此。

糟糕的售楼人员："怎么才 5：30！还要半个小时才下班。"

售楼精英："怎么这么快就 6：00 了，我得再打几个电话，再多约几个客户来看楼才行！"

糟糕的售楼人员："今天没客户来看楼，真是烦死了，好无聊啊。"

售楼精英："今天客户少了点儿，我得赶快打电话约些客户来看楼。"

从上述对话可以看出糟糕的售楼人员和售楼精英对于时间管理方式的不同选择，这也就决定了他们的售楼业绩。选择售楼精英的时间管理方式，你就有可能成为售楼精英；选择平庸的时间管理方式，你很可能只是一个平庸的售楼人员。那么，我们应该如何选择售楼时间的管理方式呢？可以从以下两方面着手：

1. 只做最有生产力的事

最有生产力意味着效能最高，我们可以通过时间管理四象限法则进行分析，如图 16-1 所示。

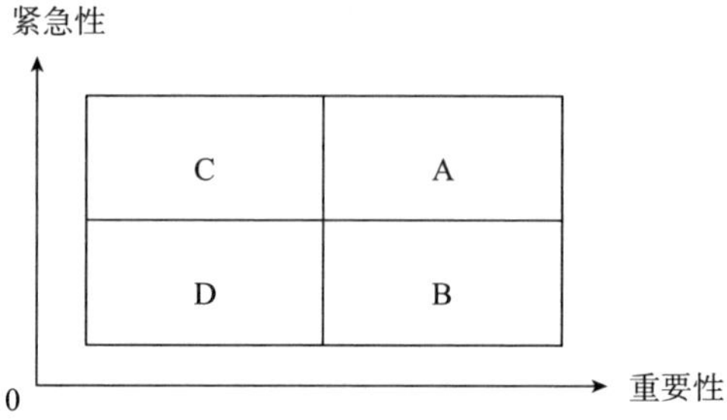

图 16-1　时间管理四象限法则示意图

我们可以从重要性和紧急性两个方面来看待一件事情，分别用横轴和纵轴来表示，就得到 A、B、C、D 四个象限。其中 A 象限代表的是"重要且紧急"的事，如约好与客户签合同；B 象限代表的是"重要但不紧急"的事，如参加一次非常棒的培训，虽然不紧急，但对售楼能力的提高非常有意义；C 象限代表的是"紧急但不重要"的事，如电话铃响了，一接才知是老同学打来扯家常的；D 象限代表的是"不紧急也不重要”的事，如发现很多售楼人员一上班就开始瞎聊猛侃，在工作时间说与工作无关的事，不但浪费工作时间，而且容易让人陷入消极情绪，尤其是对那些自控能力差的售楼人员来说，这样的工作习惯非常影响他们的业绩。

其实，这与我们经常讲的轻重缓急是同样的道理，要做最有效能的事，也就意味着要做 A、B 象限的事，即做重要且紧急、重要但不紧急的事。我将做 A 象限的事称为“救火”，因为它需要紧急处理，但我不希望天天忙于“救火”，所以要多做 B 象限的事，我把做 B 象限的事称为“挖井”，平时多做些“挖井”的事，一旦把“井”挖出来了，就天天有水喝了，“救火”的事自然也会少一些。

以我个人的经验来看，有效的售楼工作时间法则是，每天利用 20% 左右的时间做 A 象限的事；利用 60% 左右的时间做 B 象限的事；利用 15% 左右的时间做 C 象限的事；利用 5% 左右的时间做 D 象限的事。实践证明，这种时间管理法则是比较有效的。那么，对售楼人员来说，哪些是属于 A、B 象限的事呢？我邀请各位读者一起来完成这项任务，把下面这些事情按照你的标准填入 A、B、C、D 四个象限中。

①带客户看楼；②跟客户签订合同；③协助客户交楼；④打电话问客户住得怎样或与老客户进行感情交流；⑤打电话约客户看楼；⑥打电话问业主房子是否已经卖出或租出（仅限二手房买卖）；⑦接待前来看楼的客户；⑧参加公司会议；⑨参加一次非常棒的培训；⑩阅读本书；⑪阅读其他专业图书；⑫接听朋友打来的与工作无关的电话；⑬接听客户打来的咨询电话；⑭看娱乐新闻；⑮聊昨晚那场精彩的足球赛。

由于篇幅有限，这里只列举 15 件事。在培训中，我通常会列出售楼人员经常要做的 40 件事，并要求学员根据自己的情况再列出 10 件不重复的事，然后逐一填入 A、B、C、D 四个象限。之后，我会跟学员一起分析每件事的重要性与紧急性，并指导他们如何正确做事。读者朋友们也要把工作中经常做的事罗列出来，根据自己的理解来填空，并严格依据时间管理法则执行。

2. 过有目标的售楼生活

要像售楼冠军“指南针”那样，制定售楼工作目标、阶段目标及详细计划，行动计划要细化到每日的工作中，比如，这个月计划卖四套房子，那么为了实现这一目标，每天必须带几个客户看楼，打几个电话预约客户。每天给自己制定目标，只要每天的目标都能够完成，最终的目标也会慢慢实现。

为了实现每天的目标，要在前一天晚上睡觉前或第二天早起后，列出要预约的客户名单，并逐一联络，确保每天目标的完成。此外，还要制定技能提升计划，以保证以后能够实现更高的目标。

切记，不要虎头蛇尾！

第 17 章　售楼冠军成功的“十倍测试”法则

我刚从事房地产销售工作时，一位与我同时进入公司的售楼代表，见我利用空闲时间看一些有关销售及心理学方面的书，很不以为然，跟我大谈他之前做木材推销时的工作经验，都是一些拉关系、搞人情方面的伎俩。不过，我很快发现这些伎俩在房地产销售工作中完全用不上，于是继续利用空闲时间通过读书给自己“充电”。事隔这么多年，我再也没有见过他，只是听说他不断地在改行。

房地产销售工作让我明白一件事——学习力也是销售力。一个专业的售楼人员必须扎实地掌握 ASK 模型中的三方面知识，让自己更专业、更积极，同时提升以下七个方面的楼盘销售能力：

（1）开发新客户的能力（二手楼中介包括开拓盘源）；

（2）发现置业者需求的能力；

（3）消除客户买楼异议的能力；

（4）主导楼宇买卖谈判的能力；

（5）说服客户买楼的能力；

（6）维护老客户的能力；

（7）向客户推销自己的能力。

遗憾的是，很多售楼人员没有买过一本关于房地产销售方面的书，或是参加过类似的销售培训，有的人即使买了一些销售方面的书，也没有认真、完整地读过一本，只是随便翻翻而已；有的人参加过一些培训，但是根本没有将所学的知识应用到实践当中去，只是脑袋里多了几个概念而已。试想，这些售楼人员如何获取房地产销售方面的知识呢？如何迅速提升房地产销售能力呢？我不敢想象一个没学过医，没实习过的人就给人看病；一个没学过法律，没看过法律书籍的人就上法庭帮人打官司。

要成为一名高效率的售楼人员，学习是必不可少的环节，这也是售楼冠军与非售楼冠军存在巨大差异的根本原因。那么，售楼人员应该如何有效地学习售楼知识并吸收“售楼营养”呢？

一、“十倍测试”法则

有一次，一位推销员向我推销一套为期三天、价值4000元的销售课程，我觉得贵了点，有点不值得，但后来那位推销员的一番话让我改变了想法。他是这样说的：“邓先生，多年前我就发现，要准确估算某项产品的价值，就是要看它是否经得起‘十倍测试’，您可能会把钱投资到房子、车子、珠宝等能够获得乐趣的事物上，但您拥有它们数年之后，它们给您带来的乐趣和价值是否还存在呢？您当初是否愿意付出相当于它十倍的价格来拥有它呢？当然，您很可能会把钱投资到健康上，让自己的身体状况得到改善，或者改变自己的形象，以提升自信、增加收入，那么您的付出将会非常值得。现在，如果您投资我们这套课程，一段时间以后，您会发现您的观念得到了改变，无论是自信心、热情度，还是销售技能，都得到了大幅度提升，从而极大地增加了收入，对于这些发生在您身上的改变，相信即使花费40000元，您也愿意拥有它。”

学习经得起这种“十倍测试”，可能前期需要花一点点钱和一点点时间，但哪怕只接受到一个观念，只学习到一个技巧，都会为你带来十倍，甚至数十倍的回报。

二、“借力”

一位父亲让他的孩子在院子里搬石头。一开始，小孩很顺利地把几块小石头搬走了，后来，父亲让他搬一块大石头，小孩使出浑身力气就是搬不动，于是，父亲问他：“搬走了没有?”小孩回答：“我力气不够，搬不动。”父亲又问他：“你用了全部力量没有?”小孩说：“我已经把全部力量都使出来了。”这位父亲走过去，笑着对小孩说：“你没有使出全部力量，还有我啊，你可以借我的力啊。”于是，孩子在爸爸的助力下把石头搬走了。

稻盛和夫说：“真正有本事的人，都懂得‘借力’。”所以，能够借助多少外力，就能拥抱多大成就。善于借力的人，人生选择更多元，更容易达成目标；不懂借力的人，容易困于自我，越陷越深。BBC 记者采访华为创始人任正非时，任正非回忆他 20 世纪 90 年代的工资时说：“西方专家 1 小时挣 680 美元，我一个月挣 5000 多元。”也就是说，当时西方专家 1 小时挣的钱就超过了他 1 个月的工资，但是他却坚持聘请大量西方专家做顾问，最终成就了华为今天的辉煌。

“借力”的对象不能仅局限于身边人，要拓宽视野，从更大的范围中寻找。售楼工作中的“借力”方法是，买相关图书来阅读，丰富自己的知识；向身边的同事学习，提高自己的实践能力；结交更多的顶尖售楼精英，向他们学习顶尖的销售技巧。同时，可以借助公司的培训，提高自己的专业水平；也可以参加公司外部的培训。有时，一次小小的投资，就可能“借”来别人用几十年积累的经验。今天，我们不仅要学习新知识、新技巧，更要学习从哪里获得新知识、新技巧。

三、个人学习的几个误区

1. 学习就是吃药

很多人把学习和培训看成吃药，认为有“病”了才需要学习或培训。其实，这是一个错误的观念，学习和培训就像吃饭，需要经常进行，而不是等你觉得销售能力不足时才去学习或培训。另外，知识是会折旧和老化的，必须不停地学习，以确保你所掌握的知识和技能符合当下的市场。

人每天都要洗脸，几乎没有人会因为今天洗了，明天就不洗了，因为明天还会有灰尘、汗液等附着在脸上，每天洗脸已经成为生活习惯。“激励”这件事也一样，今天你被激励了，就会斗志高昂，非常有激情地工作，但明天依然可能产生负面情绪，甚至会有挫折发生，这可能会打击你的士气，让你不自信，所以就需要新的激励。

2. 学习就是学习全新的知识

当我们保持学习状态时会发现，每买一本书，每看一次电影，每参加一次培训，都会遇到以前学过的东西，这时，有些人就会认为，这一次学习没有价值。其实不然，有一句名言：“人生伟业，不在于能知，而在于能行。”知道了并不代表行动了，当遇到这种情况时，你要检讨一下，并加强自己的行动力。

我看过的有关销售的图书和各种培训资料不胜枚举，这其中有很好的内容，也有一般的内容，还有一些很烂的内容。当我看到、听到一些劣质内容时我就会想，这一点在我的工作中一定要避免；当我看到、听到一些雷同的内容时我就会想，我可以复习一次，总之，“凡事必有利于我”。当抱着这样的态度去学习时，我真的发现自己的进步速度非常快。所以，一个专业的售楼人员不应该逃避公司培训，哪怕是参加过的培训。

3. 学习就是学习经验

让售楼冠军当老师固然好，因为他的亲身经历能够让人感同身受，更利于销售人员对于销售技巧和销售经验的消化、吸收，但并非所有的售楼冠军都能成为培训冠军，因为培训本身也需要训练，培训师要把专业知识、技能和各种经验有效地传递给学生。就像哈佛商学院的教授大多数并不是世界 500 企业的管理者一样，但他们却为世界 500 强企业培养了一批又一批管理人才。一个有趣的现象是，每届奥运会都要产生 300 多枚金牌，但大多数世界冠军都被一个匪夷所思的“魔咒”困扰，即他们的孩子多数都没有成为世界冠军。

所以，在你学习售楼知识和技巧的过程中，一定要相信专业的力量，只要他具备专业水准，就可以“借力”。

礼仪篇

你的形象价值百万！ 售楼冠军一进门，就看得出来。 你必须看上去像个房地产专家；你的形象、仪表、笑容、声音、肢体动作，无不表明你的专业及热情；你良好的形象可以传递信心，感染顾客情绪，让人乐意掏腰包。

第 18 章　如何让买楼者像父母一样绝对相信你

有一次，一位老同学来找我买楼，签合同时，我先给他解释了一遍合同的相关条款，然后递给他，让他再看一遍。他说："还看吗？不用了吧？"说完就签字了。现在，我要让大家想象一下，假如你的父母买楼，你给他们推荐了一套合适的房子，做决定时，他们会害怕吗？会怀疑吗？你谈好的价格，他们还需要重新谈吗？

你和父母之间存在着一种高度的信赖关系，这种信赖关系使得你的父母完全相信你。如果客户对你的信赖和父母对你的信赖程度一样，那么，你向他们推销楼盘将是轻而易举的事。顶尖的房地产销售行为就是推销"信赖感"，只要你在大小事情上都表现出自己是个可以信赖的人，是个信守承诺的人，并且时时刻刻会替客户着想，那么，客户就会信赖你，楼盘认购书就会雪片般地向你飞来。所以，可以将售楼人员的推销水平分为以下四个层次：

（1）三流售楼人员销售房子本身；

（2）二流售楼人员销售房子带来的好处及利益；

（3）一流售楼人员销售房子所能解决的问题方案；

（4）顶尖售楼人员推销自己（即信赖感）。

一个售楼人员应该如何赢得客户的信任呢？如何推销自己呢？成功的推销需要分两步实现：一是把自己推销给自己；二是把自己推销给别

人。一个连自己都不喜欢的人，又如何能让别人喜欢呢？所以，在你成功地把自己推销给别人之前，必须先把自己推销给自己。你必须喜欢自己，并且不断地改变自己，直至相信自己是最好的。成功地把自己推销给自己，可以通过以下方法来实现：

一、改善肢体语言

“推销之神”原一平在初入保险业时屡屡受挫。一次，他去庙里向和尚推销保险，跟老和尚说了半天，不见老和尚有任何反应，在他无奈地起身告辞之时，老和尚对他说：“年轻人，一个人连自己都不喜欢，怎样让别人喜欢他呢？”这句话改变了原一平的一生。从此他勤练笑容，共研究出36种不同的笑，并加以运用，终于取得了非凡的成就。

作为售楼人员，如何让自己喜欢自己呢？每天早上起来，镜子里的这个人的形象是否令你感到满意？如果不满意，要从哪些方面进行改进呢？是笑容、声调、语言，还是姿态？达到怎样的程度才会让自己满意呢？这里要遵循“满意”原则，不断改善自己的肢体语言。此外，在与人交往的过程中，当你对别人的形象及肢体动作不满意时，可以以他为镜，检查自己是否也有类似的情况。当你不停地完善自己时，别人对你的信赖感也会越来越强。

二、积极想象和自我暗示

如果说一个买楼者最怕买错楼，那么一个售楼人员最怕的就是被买楼者拒绝，这种“害怕”在新入行的房地产销售人员身上表现得更为明显。害怕让人畏首畏尾，不能充分地展现最好的自己，使自己在客户心中的印象分大打折扣。

消除这种害怕的有效方法是积极想象和自我暗示。当一个买楼者第一次走进售楼处时，你可以想象某个曾经与客户成交的场面，以消除心中的害怕及不安；或者进行自我暗示——这个人一定会跟我买楼的，从而激发自己的热情，非常自然大方地迎上前去。当你在心里积极想象或自我暗示时，害怕的感觉就会减轻，甚至消失，从而让你达到最佳状态。当你拿起电话，带客户看楼，与客户谈判、签订合同，或者进行客户服务时，都可以运用这个方法。

三、生理带动心理

我们的肢体动作通常是受心理影响的，沮丧时会低头不语，兴奋时则会抬头挺胸，做出一副仰天长啸的样子。其实，肢体动作同样可以影响心理，足球运动员进球后会用夸张的肢体动作进行庆祝，假如你在原地跳几下，做出胜利的“V”字形手势，也会感到一股强大的力量注入自己的身体。

每个人都会有疲惫、沮丧、受挫甚至被拒绝的时候，这必然会让我们的心理受到不同程度的影响。为了使这种负面情绪对自己的影响降到最低，特别是在接待买楼者时，不让负面情绪影响交易的进行，不妨试试这几个动作：握紧拳头，用力握几下，深呼吸几次，或者上下跳几下，这都能让你的情绪迅速调整过来，以更好的状态迎接工作。

把自己推销给自己，只是把自己推销给别人的第一步，把自己推销给别人，不仅要在“包装”上推销自己，更要在“内涵”上推销自己，让自己真正成为值得信赖的人，这需要从一点一滴的小事做起，从细节做起。比如，你跟客户约好早上 8 点看楼，就绝对不能以下雨、堵车等为借口迟到；没有做到的事情，要勇于向客户道歉，并提出补救措施。信赖感正是通过这种“芝麻小事”一步一步建立起来的。

第19章 怎样让自己看上去就像房地产专家

自古以来，我们就被教导“不可以貌取人”，古人云“路遥知马力，日久见人心”，就是最好的佐证，因为容貌根本就不能作为判断一个人才华、品德的标准。正如塞缪尔·斯迈尔斯的一句名言：“如同粗糙的果皮，有时可以包裹最甜蜜的水果一样，粗俗的外表往往掩盖着善良和诚挚的本性。”因此，一个人的才华与品德实际上与他的外表没有联系，一个人的年龄、体型、信念或性别等并不是构成这个人能力的要件。

教育虽然如此，但现实生活中“以貌取人”的现象比比皆是，这并不是因为现代人不尊重教育，也不是因为现代人特别注重外表，更不是因为现代人不懂得不能以貌取人的道理。而是因为现代人们的生活范围更大，活动频率更高，面临的环境日益复杂，选择的机会也越来越多。现代生活的快节奏代替了漫不经心的、悠闲的生活，生活和工作中的大多数事情都需要我们快速决策，不可能有太多时间去思考，只能凭借首轮效应进行判断。以卖楼为例，如果一个售楼人员衣冠不整又以一副萎靡不振的样子去接待客户，要客户“路遥知马力，日久见人心”是不可能的，后边发生的事情也能想象得到——客户不是立刻到隔壁的楼盘或中介门店看楼去了，就是掉头走了，就算勉强跟你看楼，也仅仅是看而已。

首轮效应，也称第一印象，顾名思义就是一个人第一次接触你时在他脑海里留下的印象。第一印象大概在见面时 4 秒至 4 分钟内形成，由你的外表（仪容、仪表、仪态），声音和动作决定。它有瞬时性、非理性、经验性、不可逆转性四个基本特点。也就是说，它是瞬时形成的，由对方的个人经验进行非理性判断，对任何人来说，你只能有一次第一印象。

莎士比亚说："衣着代表个人。"就是说一个人的衣着打扮非常重要。其实，你给客户的第一印象主要是由你的衣着打扮决定的，有专家认为，你给人的第一印象 95%来源于你的衣着，因为在大部分时间里，衣着遮盖了身体 95%的部分。当有人告诉你不要用衣着去评判一个人时，其实他是在否认事实，实际情况是，大多数人都是根据衣着品位对他人进行判断的。因此，你必须精心挑选你的衣着，穿出成功人士的样子。虽然对于着装没有硬性规定，但还是有一定规律可循的，比如，没有哪条法律规定男人不可以穿裙子，但男人一般都不穿裙子（在个别国家或地区有男人穿裙子的习俗）。

作为一个售楼人员，应该如何选择衣着呢？

我们先来看看客户眼中糟糕的售楼人员的形象是怎样的？调查显示，以下这些形象是最不受客户欢迎的：仪表方面——衣冠不整、邋遢，服饰搭配不当、随意、花哨、暴露，衣服不合身、破烂以及皮鞋不干净等；仪容方面——头发蓬乱、无精打采、留胡须，眼角和鼻子里有异物，身上异味重，指甲过长并有污垢，饰品过多等；仪态方面——夸夸其谈，举止不文雅，仪态不端庄，有不礼貌动作等。

作为一个专业的售楼人员，必须避免糟糕的形象，保持专业的穿着。一般来说，公司都会有统一的职业装，如果公司没有统一的职业装，你也必须穿出职业感来，以套装作为首选。在穿着职业装时，一定要符合公司要求，不要有制服却不穿制服，或者制服与便装混穿。

穿着职业装时，男士要注意以下几点：职业装质地要稍好一些；西装袖口的商标要剪掉；上衣衣扣有讲究，如果是单排扣西装，请不要扣最下面的那颗扣子；口袋里面不要乱放东西，不要让口袋变成“百宝箱”；衣服一定要熨平；鞋袜要与西装配套，一般要穿深色袜子；领带不能过长或过短；西装里面不能穿高领内衣；衬衣的袖口一般需外露一点；如果不打领带，一般不需系西装扣子；等等。

女士要注意以下几点：职业装款式不能太旧；尺寸合适最为重要，忌讳过大或过小；注意正确搭配，如穿套装上衣，不穿牛仔裤；忌讳乱配鞋袜；饰品不能过多，一般不超过三件；忌讳穿着暴露，分散顾客注意力；忌讳穿破损的丝袜；等等。

此外，通过对影响印象形成的各种因素的重要性排序发现，最重要的因素是色彩，其次是形状，最后是质地，所以颜色是最容易给人留下深刻印象的。因此，无论是公司统一定做职业装，还是自己选购职业装，都要注意色彩搭配。一般来说，在服装色彩选择上要遵循“三色原则”，即全身不能超过三种颜色。从色彩学来讲，每一种颜色代表着不同的情感，你可以根据需要选择适当的色彩（见表 19-1）。中国人比较适合深蓝色或深灰色职业装，慎用咖啡色或橄榄绿。

表 19-1　各种色彩代表的情感

颜色	代表的情感	颜色	代表的情感
蓝色	平静、真实、理性、宽容	黄色	愉快、成熟、幻想、嫉妒
紫色	高贵、浪漫、神秘、优雅	黑色	肃穆、稳定、多思、忧郁
绿色	年轻、诗意、和平、健康	白色	明朗、神圣、清纯、素雅
红色	热情、奉献、激动、勇敢	灰色	平凡、谦逊、温和、传统

第 20 章　如何让你的形象价值百万

虽然第一印象大部分由衣着决定，但你身上没有被遮蔽的 5% 也会影响第一印象的形成。比如，你戴着墨镜带客户看楼，当你取下来的时候，就会发现工作变得更有效率了。一个专业的售楼人员应该以怎样的形象给顾客留下良好的第一印象呢？

一、整齐的发型

做任何事情都要从“头”开始，头部占据着身体的制高点，对形象打造至关重要。人的头发有多有少、有长有短，但总体原则是要保持干净、整洁且长短适宜。男士的头发一般遵循“三不”原则，即前面不遮住眉毛，后面不抵衣领，两侧不掩住耳朵；女士最好束发或盘发，显得干练，如果是短发，则保持不超过肩膀的长度，在办公场所忌讳披头散发。此外，最为职业的形象要求是，最好不染黑色以外的颜色，特别是鲜艳的颜色，更忌讳同时染几种颜色。头发细软者，可适当使用一些定型摩丝，但要注意天天清洗，不要有头皮屑。

二、清爽的面孔

“五官”指的是眼、鼻、耳、口、脸部皮肤，这包含了整张面孔。五官长得怎样是先天的，但清洁、保养则要靠后天养成的好习惯。从售楼职业要求来看，保持清爽的面孔，首先要“修三毛”，即胡须、鼻毛及耳毛，作为一名售楼人员，最好不要留胡须，无论是八字胡还是山羊胡，鼻毛也不能“探头探脑”，要及时修剪，鼻子里更不能有残留物；其次是眼部的清洁，眼角不要残留异物，注意休息，避免眼睛布满血丝，带客户看楼时不要戴墨镜；最后要保持双唇干净，牙齿整洁，无残留食物，还要消除口腔异味，抽烟者可随身携带口香糖；此外，必须勤洗脸，保持面容洁净。

三、干净的手

干净的手是售楼人员的第二张名片，一定要注意手部卫生，尽量不留长指甲，并定期修剪。不涂鲜艳的指甲油，即使涂，指甲油的颜色与肤色相近为佳（指女士，男士一般不涂）。此外，千万不要在公共场合抠鼻子，这个动作不雅观，更不卫生。

四、化妆的注意事项

对女性售楼人员来说，化一个淡妆会让你看上去更职业，也更能表现你对别人的尊重。职业妆应以自然为原则，根据自己的情况，扬长避短，不要刻意模仿别人。此外，妆容要整洁、雅致，不过度修饰。

五、其他注意事项

在仪容方面，还需注意以下几点：勤洗澡、勤换衣，不要让身体发出汗臭味，特别是有狐臭的人士更要注意；不要在公共场合让身体发出异响，让大家陷入尴尬；耳环、项链、戒指等饰品不宜过多，不要超过三件；不要用太浓的香水，太浓的香水会拉低你的形象分；平时多运动，保持合适的身材，肥胖将使你行动不便，影响你的活力甚至业绩。

第 21 章　怎样提升置业顾问的“面值”

在我 17 岁时，朋友给我安排了一次相亲，我没有经验，因此很紧张。我们能情投意合吗？见面时我该说些什么呢？正当我胡思乱想时，我开着车子到了那个女孩的家门口，我按响了喇叭，她就出来了。当我第一眼看过去时，我觉得她是我见过的最丑的女孩，心情极其沉重；当她上车以后，她的同学把她介绍给我时，她的微笑把整个车子都点亮了。在最初的 60 秒谈话中，她成了我所见过的最漂亮的女孩，她整个晚上都在微笑，她的微笑撬开了我的双眼。在那个晚上以前，我从来没有对相亲抱有过幻想。

这是乔·吉拉德在他的著作中讲述的一个关于自己的案例，在看完这个案例后，你觉得微笑到底有多大能量呢？微笑又能给我们带来什么呢？

有人说，微笑是建立信赖感的第一步；有人说，微笑是一种魅力；有人说，微笑可以破除两人之间厚厚的墙壁，使双方打开心扉；有人说，微笑可以驱散悲伤、不安、自卑，也能打破僵局；还有人说，微笑可以保持健康和活力。总之，这一切都说明微笑是一种伟大的力量。

如果说仪容、仪表是建立信赖的硬件，微笑则是让这个硬件发挥功效的软件之一。我们每天洗脸、刮胡须、化妆、换衣服，无非是要保持一个良好的形象，给人一种美好的感觉，如果同时奉上一张满是笑容的脸，效果将会倍增。当你紧锁眉头时，别人只会锁得更深；当你向对方报以一个微笑时，则会得到成倍递增的回报。在恰当的时间、恰当的场合，一个微笑就能够创造一个奇迹。那么，售楼人员应如何让自己的微笑发挥最大功效呢？

一、时刻展现你的笑容

时刻保持微笑对大多数人来说很难做到，也有人会质疑，难道我们不想笑时也得笑吗？无论你心情多么沉重、多么哀伤，你都可以报以一笑，因为笑能给人带来一片晴朗的天空；当你看见别人脸上没有微笑时，也可以给他一个微笑，让他舒展紧锁的眉头。世界上最大的零售企业沃尔玛公司的员工培训中有一个关于微笑的“三米原则”，讲的就是在三米之内只要有人，脸上一定要有笑容。因此，要时刻展现你的笑容，起码是在有人的时候，要露出最好的笑容。

那我们到底笑些什么好呢？我觉得笑什么并不重要，这可以留给客户去猜想，也许效果更好。请问达·芬奇的《蒙娜丽莎的微笑》中蒙娜丽莎到底在笑什么呢？有人说蒙娜丽莎微笑是因为她的心碎了，这是真的吗？这恐怕也只能由我们去猜想了，而正是这种猜想，让它显得越发神秘，越发让世人敬仰。因此，无论遇到什么情况，无论是否值得笑，我们都要报以微笑。

二、用你的整张脸来笑

据说日本有一种训练销售人员微笑的方法，就是每天都让销售人员用牙齿横咬一根筷子，久而久之，被训者就可以保持非常好的笑容了。到底最好的笑容是怎样的呢？有人说是露出八颗牙齿的微笑，也有人说是露出六颗牙齿的微笑。其实，这只概括了微笑的一部分，一个真诚的笑容不单是嘴唇的动作，更要用整张脸来笑，这包括眼神的闪烁、眼角的皱纹、面颊的收缩、眉头的舒展、发出的声音，甚至是鼻子的状态。

要发挥微笑的最大功效，就必须用整张脸真诚地笑起来。

三、大声地笑出来

美国联合航空公司在招聘空姐时有这样一个特殊环节，就是主考官背对着面试者，“听”其笑容如何，原来笑容是可以“听”出来的。真诚的笑容必须是发自肺腑的，是可以被“听”见的。因此，微笑时需要保持一种自然的声音，特别是在与客户进行电话交谈时，也必须保持微笑，因为你的笑容可以通过电话线感染另一端的人。当然，笑声的音调和音量需适宜，要视情绪调节，男士忌讳惊天动地，女士忌讳笑个不停。

四、笑出你的感情

我们在照相时总喜欢一起喊“茄子”，据说这一声“茄子”正好可以展露最好的笑容。真诚的微笑不能被“商业化”，要有感情在里面。不但要有说“茄子”时的样子，更重要的是要有真情实感在里面。不同的笑容里含有不同的感情色彩，这些感情是可以传染给客户的。拥有“百万美金的笑容”的日本“推销之神”原一平的微笑就多达 36 种，各具感情色彩。你不妨也利用空余时间练习一下：

婴儿般的微笑；由衷的、爽朗的大笑；感动而压住声音的笑；喜极而泣的笑；逗人转怒为喜的笑；抑制辛酸的笑；解除对方心理压力的笑；岔开对方情绪的笑；使对方放心的笑；充满优越感的笑；愣住之后的笑；言归于好的笑；与对方意见一致的笑；使对方茅塞顿开的笑；吃惊之后的笑；感到意外之后的笑；感到无聊时的笑；挑战的笑；大方的笑；开朗的笑；含蓄的笑；夸张谈话内容的笑；抑郁的笑；故作迷糊的笑；愕然的笑；尖锐的笑；与对方同喜的笑；微笑；意外地感到满足的笑……

第22章　你是否犯过不经意间扼杀成交的错误

有一次，一位教师来我公司放盘，在售楼人员的游说下同意由我公司独家代理房源。在签订《独家委托书》时，她提出售价要比市场价高出500元/平方米，把售楼人员吓了一跳。售楼人员从各个角度向她说明这么高的价格卖不出去，但是她一直强调她同事以前就是以这个价格卖出去的（那是两年前的事了，那之后广州楼价连年走低）。不管售楼人员如何跟她解释，她认定这个价格不松口，并开始转移话题，对《独家委托书》进行挑剔。《独家委托书》本来是经过专家设计的，各项条款对业主和中介公司的权利与义务都是对等的，可她不是说这条对她没保障，就是说那条不合理，一共才五六个条款的《独家委托书》，被她改得面目全非，完全失去了“独家委托”的意义，跟一份普通的《业主委托书》没有什么区别了。

该售楼人员跟她争论了大半天，恰好被我撞上，我简单了解情况后，跟这位教师说：“这份《独家委托书》就算按您的意见修改，您也很可能是个输家，因为房子根本卖不掉。”这位教师听后一愣，嘴上却没有示弱，接着说：“卖不掉不要紧，但内容就是要修改才合理。”我立即说：“修改《独家委托书》内容不要紧啊，如果按您要求的这个价格能卖出去，我想再多签几份您也不会拒绝吧？”

对方毕竟是有知识的人，我这一番相对强硬的言辞让她顿悟，问题的关键根本不在《独家委托书》的条款上，而在楼盘的委托价格上，这根本就不是一场针对条款的纷争，而是情感引起的口舌之争。这么高的价格，《独家委托书》怎样签订都没有意义，八字都还没有一撇的事情，扯得再清楚又有什么意义呢？于是，我赶忙跟她描述了当前房地产的形势及她的楼盘附近的市场情况，为了让她相信当前的市场价格，我特意找了一份上个月在她楼盘附近成交的合同给她看，并介绍了我们公司的品牌和实力，以及她的楼盘由我们公司独家委托的好处等。于是，她爽快地签下了这份《独家委托书》。

这种现象在二手楼买卖中时有发生。当你带客户看现场和样板房，解说规划、楼价，解释合同或者其他相关事宜时，是否也碰到类似的事情呢？很多售楼人员在处理这类事情时往往把握不住事情的关键，为了表现自己的专业，经常避重就轻地跟客户理论，往往是赢得了面子和所谓的专业形象，却丢失了客户。很多售楼人员把向客户推销楼盘变成打官司或辩论会的热身，趾高气扬、夸夸其谈，忘记了自己是在向客户推销楼盘。中国人很爱面子，当你越想在言语上击败对方时，对方的反抗就会越强，即使你在口头上赢了对方，又能怎么样呢？对方肯定是口服心不服，还怎么可能跟你买楼呢？

作为一名售楼人员，当你遇到这些情况时，应该如何避免不必要的争论呢？

当你与客户的意见不一致时，不要急于发表意见，关键要搞清楚问题在哪里，然后冷静地处理。如果客户讨论的事情无关紧要，或是与主题无关，千万不要加入战局，要旁敲侧击，把讨论的话题拉回到关键点上。有效避免售楼过程中各种争论的方法主要有以下几种：

（1）保持微笑，冷静应对。无论客户跟你有多大分歧，都不要急于反对，要冷静面对，时刻保持微笑，笑容可以缓和紧张气氛，注意千万不能冷笑。搞清问题关键点后，设法转移谈论焦点，并引入正题。

（2）打断话题，转移谈话内容。如果客户的小孩刚好在旁边，可以问问他的小孩几岁了？上几年级了？经常去哪儿玩？将话题转移开，从而转移他们的关注点。

（3）转身做一件小事，缓和气氛。比如去取一样东西，与第三人打声招呼，咳嗽几下或摸摸鼻子，具体做什么事，可视当时情况灵活应对。

（4）改善谈话的气氛。比如帮客户倒一杯水，让对方放下敌意或戒备心理。

（5）表示歉意，以降低客户的争论情绪。对于一些无关紧要的争论，明知无过错，也可以表示歉意，让客户不好意思再争论下去，从而改谈其他话题。

（6）让顾客等一下。很多时候，为了避免对于非主题的争论，可让客户等一下。比如，可以跟他说："这个问题我们等一下再谈，先看一下这个。"此时有些客户会说，"这个我还能不明白吗？我有很多房地产界的朋友""我看过很多楼啦，难道还不明白吗"等。这时，你千万不要与他争论，唯一要做的就是认可他，这些人之所以会这样说，很可能是一种"渴望被欣赏"的心理在作祟。你可以这样说："我完全理解您的感受，假如我站在您的立场，我也一定会这么想。"诸如此类的认可语句，能够让对方放下敌意或戒备心理，从而成功转移话题。

切记：你的任务是售楼，而非赢得辩论。

第 23 章　如何通过音调的魅力来提升售楼业绩

生活中有这样一种现象，一模一样的话，由两个人说出来，或者同一个人在不同时间说出来，所表达的意思可能完全不一样。例如，“你可以买得起这套房子”，就这么简单的一句话，如果一个售楼人员用升调来结束这句话，表示对顾客购买能力的一种质疑；相反，则会变成一种肯定或者钦佩。一句话用不同的音调说出来，意思为什么会有如此大的差别呢？

艾伯特·梅拉宾进行的一项著名实验揭示，人类传递信息的途径主要有文字、声音和视觉三种，这三种途径占比如表 23-1 所示：

表 23-1　三种传递途径占比

交流方式	传递方式在传递过程中的占比
文字（词语）	7%
声音（语气、音调、语速等）	38%
视觉（肢体语言，也叫肢体动作）	55%

表 23-1 中的数据说明，文字能够传递的信息量非常有限，大量信息要靠声音及肢体动作来传递，一句话所表达的意思主要通过讲话时的声音及肢体动作来传递。怪不得在动物世界里没有文明，而动物却能通过发出的几个简单音调，加上一些并不丰富的肢体语言传递信息。中国有句古话：“说者无心，听者有意。”我想道理就在于此吧。许多售楼

人员在工作中都说着“正确的话”，却没有以“正确的方式说话”，以至于经常不能传达“正确的信息”。这主要是因为他们没有正确地使用声音，导致在与客户或同事进行沟通时头脑短路。因此，售楼人员好好地打磨一下自己的声音是十分有必要的。

在语言沟通中，主要通过声音［语言（说话的内容）、音频、音调、发音、语速等］传递信息，当然，说话时的表情或者肢体动作也影响信息的传递。同样一句话，用热情的声音和冷漠的声音说出来，给人的感觉是完全不同的；一句话的最后一个词，拖长发音、用升调与不拖长发音、用降调表达的意思完全不同；一句话中间突然停顿，缓冲一下再说完，有时会传递出不一样的意思。

音频、音调、发音、语速等的变化可以传达出远超过文字本身的信息。声音可以展示你的热情、渴望、友善等情感，甚至可以表达出你是否希望客户购买这个楼盘。客户也希望得到专业的指导，声音恰恰可以说明你是否专业，专业人士总是以一种自然的语气表达自己的观点。作为专业的售楼人员，必须注意声音在售楼过程中发挥的作用，并加以运用。

可以试着用不同音调说出这句话：“您的这套房子售价比较低。”如果你用升调来说“比较低”三个字，并略微拉长“低”字发音时，表达的是你对“这套房子售价比较低”产生的怀疑；如果你用降调和平缓的语气说出来，表达的是肯定的意思。所以，当希望表示肯定、传递信心时，千万不能用升调来结尾，要用降调。

专业的售楼人员除了注意音调外，还能如何提升自己的声音魅力呢？

（1）保持声音低沉、明朗、浑厚有力。这样的声音最具有磁性，给人可以信赖的感觉。当然，你不需要太刻意发音，如果你的语调偏高，则需要练习一下，设法让自己的语调低沉一些。如果你想改变，一定要勤加练习，否则，你的发音就有可能走调，给人不够浑厚有力的感觉，会起反作用。

（2）咬字要清晰，说话层次要分明。说话时最怕咬字不清和层次不分，讲半天，还没让人听明白。咬字不清跟结巴差不多，让人听得很辛苦，乡音比较重的人尤其要注意发音；层次不分是讲话的大忌，如果你常犯这个毛病，一定要多练习，加以改进，因为这个问题是完全可以避免的。

（3）语速得当。只要是运动的事物，都有速度之分，哪怕是光线，也可以通过改变介质来改变速度，一个人的语速当然也是可以改变的。我们通常用慢速、中等、快速对语速进行划分。与客户沟通的有效语速是与客户保持相同的语速，其中的原理涉及神经语言学，在这里不加赘述。

（4）适当停顿。与人谈话时，一句话不能太长，要适当停顿。此外，当客户分心或有不同意见时，也可以适当停顿一下，让他回到谈话中来，或者缓解一下气氛。

（5）语句与表情相互配合。讲话时的肢体动作对传达信息起着关键作用，一定要注意讲话时的动作及表情。情绪低落时，更要注意控制表情。

（6）措辞高雅，适当运用幽默。措辞尽量高雅一些，当然，也得看你的客户的层次。从神经语言学的角度来说，你的措辞与客户保持同一个水平会更有效，但一些不好的口头禅、脏话不能乱说。幽默会很快拉近你与客户的距离，专业的售楼人员必须不断提升自己的幽默感。

第 24 章　如何引爆客户的购楼热情

大家有没有留意一个现象：我们在家听音乐或用耳机听音乐时都是静静地听，而听演唱会或音乐会时，则是心潮澎湃，甚至手舞足蹈地听。一样的歌声，一样的演唱者，为什么会有不一样的体验？有人说是现场氛围导致的，这当然是对的，但这种氛围是怎么营造出来的呢？这就得归功于演唱者强大的肢体带动能力了。演唱者通过动听的歌声、夸张的表情以及协调的肢体动作带动了一部分人的情绪，这些人的情绪引爆了其他人的情绪，整个现场达到“high”的状态。其实，有时候我们根本没听到演唱者在唱什么，就跟着大笑、大喊、热烈鼓掌。

语言可以煽动人的情绪，其实肢体动作也一样具有煽动性。正如艾伯特·梅拉宾的实验结果揭示的那样，在人类传递的信息中，55%的信息是靠肢体语言来传递的，肢体语言是传递信息及情感的一种最重要方式。作为一名售楼人员，在售楼过程中，要通过肢体语言给客户传递哪些重要信息呢？通常人们会被高兴的事感染，如果你在第一时间就把热情倾注到对客户的接待中去，这对楼盘推销来说是一个非常好的开端。在售楼过程中如何通过肢体语言将售楼热情传递出去呢？

一、正确的姿势

“站如松，坐如钟，行如风”讲的是我们对站、坐及行的姿势要求。“站如松”要求站的时候要抬头、挺胸、收腹、提臀、含颌和夹肩，站立时双腿不要分开过大，双脚不要动来动去；“坐如钟”要求坐姿稳重，不要深坐，整个人陷在椅子或沙发中，双脚不要打开，女士要双腿并拢，不要脱鞋、跷二郎腿；“行如风”要求走路的步伐轻盈、稳健，不要左顾右盼，不要蹦蹦跳跳，不要发出异响等。

二、适当的目光接触

眼睛是心灵的窗户，眼睛能表达很多情感，托尔斯泰说：“眼睛可以传达 87 种表情，而且各不相同。”“暗送秋波”就是一种较高的境界。一名专业的售楼人员应综合使用目光与微笑，向客户传递“我很高兴，很乐意为您服务，我一定可以帮到您”的信息。要与客户保持良好的目光接触，不能死死盯着客户的眼睛，可以适当地在客户的双眉与鼻子构成的三角区域移动。要选择正视的角度，切忌斜视或扫视，也忌讳从头到脚打量客户。

三、身体适当前倾

无论是坐着还是站着，当你与客户交谈时，身体应适当前倾，这样能表现出你对客户讲话内容的专注。一般来说，微微前倾即可，角度在 15 度左右为佳。在与客户交谈时，切忌把手放在头后仰着或躺着，这是对客户的不尊重。

四、正确的手势

在与客户接触的过程中，手势宜少不宜多，要表现得临阵不乱，避免张牙舞爪。与人沟通时一定要有意识地把双手张开，张开表示欢迎及开放的态度，可以立即提升你的交际能力。此外，一定要掌心向上，这是一种开放与值得信任的肢体语言，避免使用“交警式”的掌心向下的动作，这种手势会给人带来不舒服的感觉。握手时一定要传达出自信的、有力的信息，但不要用力过度。握手时，肘部稍微弯曲，拉近与客户的距离，并保证掌心向上，让人感受到信任。与一群人握手时，一定要从距离最近的那位开始，目光正视对方。

五、微笑及积极的肢体语言

微笑是售楼过程中的“通用货币”，俗话说，“微笑如同三春暖，恶语一句似冬寒”，这就说明了微笑的重要性。正如积极的肢体语言可以向客户传递售楼热情一样，消极的肢体语言则会向客户传达相反的信息，对你的售楼工作造成阻碍。一名专业的售楼人员必须避免以下三种肢体语言：

（1）双臂交叉于胸口。这是一种抗拒的姿势，表明自我封闭及自我防卫。

（2）双手放在口袋里。这通常给人一种不安或多疑的感觉，双手无法张开，看上去无精打采。

（3）身体躲在物体后面。你与客户之间隔着桌子、椅子或其他物体，会造成对抗的心理。接待客户时要主动走出来，最好将客户带到圆桌旁坐下。一手楼售楼处的前台主要起装饰门面的作用，不要让客户坐在前台咨询，应主动引导客户到专门的圆形洽谈桌上进行咨询；在二手楼中介公司，即使场地无法满足客户需要，也应尽量避免这种肢体语言的出现。

第 25 章　如何通过接触客户身体，让其购楼信心暴增

人类主要通过三种途径处理外来信息，即视觉、听觉、触觉（见表 25-1）。主要以视觉来处理信息的人称为视觉型，他们喜欢“眼见为实”，讲话特别快，经常说“看起来挺好用的”等；主要以听觉来处理信息的人称为听觉型，他们喜欢根据讲话内容做判断，语速中等，经常说“听起来怎么样”“你不是说什么”；主要以触觉来处理信息的人称为触觉型，他们喜欢想象，讲话比较慢，经常说感受，如摸一张椅子后可能说：“摸起来挺结实。”

表 25-1　人类处理信息的方式

处理方法	特　征	所占比例
视觉	是读者，喜欢以圆形、表格、说明书、相片等视觉形式了解某种特别的想法和观念，他们会说：“看起来不错”	35%
听觉	是听众，喜欢根据听到的话来处理资讯，他们会说：“听起来不错”，他们是相信直觉的人	30%
触觉	判断事物受触觉的强烈影响，虽然每个人都受触觉影响，但这类人对任何事情的感觉都会特别敏感，他们会说：“感觉不错”	35%

从神经语言学的角度分析，与这三种类型的客户沟通时最好与他们“同步”，因为人都有爱屋及乌的心理，与自己类型相同的人在一起容易建立信赖感。因此，与视觉型客户沟通时可以加快语速，多用“您看

这个户型很实用”“您看这里的景观特别好”“您看这些施工材料的质量都是上乘的”等与看有关的句子，讲话时做些必要的指引手势，多让客户参与“看”的过程，让他用看到的结果去判断。对于听觉型客户，要保持中等语速，多用“住这里，每天早上您听到的都是鸟叫声”“这里的夜晚都是很安静的，就是一根针掉地上都听得见”等与听有关的句子，让客户产生联想。对于触觉型客户，当然也要与他同步，让他参与到售楼介绍中来，如在介绍样板房时，可以让客户触摸水龙头、洁具等，让他感受房屋的质量；二手楼也可以用同样的方法介绍房屋，介绍之后一定要询问客户感受；还可以通过适当地与客户保持身体接触，增强客户对你的信赖感（见表 25-2）。

表 25-2　人体接触的区域划分

区域划分	具体部位
公共区域	手肘到指尖的部位
社交区域	手臂、肩部、背部，那些可以让家人及朋友轻触的部分
亲密区域	即隐私区域，只能被最亲密的人接触

在售楼过程中，主要是通过公共区域与客户发生肢体接触。最常见的接触方式是握手，也可以不经意地触碰客户的手部或下臂，但要注意动作自然，不能过度。

一般情况下，会面的开始与结束要各握手一次，握手对传递信心及热情非常重要，如果一个售楼人员伸出去的手是懒洋洋的，那将无助于提振客户信心。大部分人在一开始就会依据握手的态度判断一个人的个性、诚意，以及人际关系，买楼者也不例外。因此，坚定、笑容满面、眼神专注地与客户握手将有助于在客户面前树立一个值得信任的形象。

受“男女授受不亲”传统观念的影响，许多职业女性都有这样一个观念：在社交场合，除非男士先伸出手，否则不需要主动握手。这是一个落伍的观念，在现代社会里，如果女性想获得成功，就必须和男士一样，随时准备坚定地与人握手。此外，女性在与人握手时应更加坚定，而不是伸出兰花指，好像等待别人行吻手礼似的。用好握手的礼仪，将大幅提升你对客户的影响力。

售楼人员在售楼过程中还可以适当接触客户的手部或下臂。在楼盘介绍或合同洽谈时，你可以用手指轻触客户的手肘来引导参观、介绍及解释相关条款，这时你会惊讶地发现，你已经被他视为亲切可信的人，客户会觉得和你相处非常舒服。当然，不一定非得伸出手去或很不自然地去拍别人的手臂，所有的动作必须大方、自然。

还有一个与接触有关的物品，就是售楼人员的名片或者相关资料，当然，这个时代名片已经很少使用了。如果你的名片或者相关资料质量太差，也会给客户留下不可靠的印象。因此，名片要有一定的厚度，建议与扑克牌厚度差不多；派发的相关资料印制要精美，纸张质量不能太差，否则不如不做。

此外，需要特别注意的是，如果你是男士，则不能触碰客户的妻子或与客户的妻子距离太近，否则他可能会吃醋，认为你有所企图；如果你是女士，则不能触碰或与客户的先生距离太近，否则她也可能会吃醋。顺便提一下，这与年龄无关。虽然现代社会已越来越开放，但会吃醋的妻子或先生并没有因此减少。所以，在这种情况下一定要特别注意，否则，你会少卖好多套房子。

第 26 章　如何打开客户心门，让其乐意跟你买楼

看了电视剧《长征》后我突发奇想：今天，如果哪个售楼代表能有毛泽东的品格魅力，那么天下的楼恐怕都会被他卖光。一个人的品格魅力比其他任何外在东西更能增进一个人的可信赖感，前面讲到如何从仪容、仪表、仪态等方面提升职业形象和可信赖度，这些都非常重要，特别是在与客户接触的初始阶段。在售楼、维护客户关系以及客户转介绍的过程中，品格最为重要，耍小聪明或许可以让你成功一时，但要真正成功则要靠人格。我们经常从德才两方面衡量一个人，市场上的“千里马”必然是有德有才，“德”就是这里讲的品格。

在售楼工作中如何给人信赖感，“智慧”与“品格”到底哪个更重要呢？有智慧总是令人崇拜，但品格高尚更能赢得人们的尊重。我们周围才华横溢的人并不罕见，但他们就一定值得信赖吗？我想，只有品格高尚的人才值得信赖，才更能取信于人。

品格魅力并不是只有伟人有，只要一个人真诚、公正、正直、忠厚，品格魅力同样会散发出来。一个售楼人员除了通过职业形象获得客户的信赖外，还必须通过自己的品格魅力获得客户的永久信赖。

一、言行一致

绝大多数人记不住你曾经为他做过什么事，做过多少事，但你没有

为他做到什么事他却记得清清楚楚，哪怕是一件微不足道的事，这就是人性。因此，要维持长久的信赖绝对不能对客户随意承诺，也不能掩盖事实。随意承诺的结果会让你失去很多卖楼的机会，当你发现有些事情你不能承诺或者不太肯定时，就不要轻易去说，否则，结果会是“偷鸡不成蚀把米”。

有一次，一位新员工以比较优惠的价格轻松地卖出一套三房单位，客户看完楼后，对房子和价格都非常满意，但对于这么高性价比的房子产生了疑问，看完房产证复印件就问：“这套房子会不会是风水不好，或者有人在这里去世呀?”这位新员工因急于成交，在没有咨询过业主的情况下就矢口否认，于是客户爽快下定，过定金工作也顺利进行。后来，客户去房子附近观察大环境时无意中得知，该业主的妻子两个月前在家自杀了。这对于非常忌讳这类事情的客户来说无疑是晴天霹雳，他立即要求退定，可定金已经过给了业主，于是，一场退定风波持续了一个多月，这位新员工不但失去了一位准买家，还因为此事一个月都没办法正常工作，业绩挂零。

不管你承诺什么，客户都会记住，要建立长久的信赖感，就必须言行一致，说到做到，做不到或者有可能做不到的就不要承诺。可以换一种说法，向客户解释清楚原因，表达你会尽力去做的决心。

二、真心关爱他人

不少人会有这样的经验：在餐厅吃饭时，服务员会一个劲地给你推荐非常贵的菜，可你就想随便吃一顿饭。这种急功近利的做法往往无法取信于顾客，反而会失去顾客。搞推销、卖楼都是与人打交道，在你提供服务的时候，必须从客户的实际需要出发，真心关注客户的需求，提供可行的解决方案。只有这样，你的业绩才会蒸蒸日上，任何急功近利的做法只会让你的业绩江河日下。

我做房地产销售工作时发现，经常有一些售楼人员在对客户的实际需要还未完全掌握的情况下，就急于带客看楼，然后利用闪电策略逼客户下定，客户下定后往往后悔，于是，售楼人员又利用定金原则让客户就范。我认为这种方法非常不可取，根据乔·吉拉德的 250 定律分析，使用这样的方法你可能赢得了一宗生意，却失去了 250 位潜在买家。售楼冠军们都是在充分掌握客户的实际需求后，提出可行的解决方案，推荐既符合客户需求又满足其支付能力的房子。

在你的售楼工作中，得到过你帮助的人必会对你心怀感激，之后的口口相传以及转介绍会像潮水般涌向你。

三、原则第一

一个售楼人员难免受到各种诱惑，特别是二手楼经纪人。对于诱惑，专业的售楼人员必须坦然对待，坚守自己的品格，以公平的原则处理发生的一切。

周恩来总理在勉励年轻人时说过这样一句话："人生要有所为。"在今天这个时代，我觉得应该加上"也要有所不为"。对于违反原则，破坏道德标准的事，我们要"有所不为"，只有这样，你的品格才会健全，才会赢得客户的永久信赖。

需求篇

世界上没有卖不出去的房子，只有找不准需求的置业顾问。抓住顾客的需求，就好比拧开成交的水龙头，成交将源源不断流出来。利用售楼语法和需求鉴定公式，有效掌控顾客需求的关键按钮，成就售楼冠军。

第 27 章　独步全球的售楼语法

互联网的发展，让人与人之间的距离越来越近，不少客户会在网上交流买楼心得，讨论某个楼盘怎么样，或者某某发展商怎么样，更有甚者干脆扯起一杆大旗，号召客户集资建房。一切迹象表明，客户越来越“专业”了，他们的购楼行为也越来越理性。于是，我发现不少售楼人员开始抱怨现在的客户实在太挑剔，看起楼来总是挑三拣四，房子越来越难卖了。

果真如此吗？人们买楼的决策真的是理性的吗？打篮球的人都会有这样一种经历：教练在教投篮时会告诉你在这个位置要以什么角度、什么力度、什么姿势投篮才是正确的，可真正到了比赛场上，当你把球运到这个位置时，你是否来得及想在这个位置，得以什么角度、什么力度、什么姿势来投篮呢？实际情况是，等我们把这些问题都想清楚，并把角度、力度、姿势都调整好了，球可能早已经不在手上了。你的做法一定是在惯性思维的支配下，做出习惯动作，立即把球投出。专业选手尚且如此，更何况业余选手呢？客户在买楼时，其决策过程跟投篮没有什么区别。

人们在做购买决策时通常是感性的，即感性购买，这是售楼过程中最重要的一个法则。人们总是先感性购买，然后再用理性去解释自己当时为什么购买，特别是当一个人买错东西时，他从来不会说自己买错了，而是找一些看似理性的借口来掩盖自己的错误。因此，虽然人们买楼的经验越来越丰富，对楼盘的质量要求越来越高，对环境的要求越来越多，呈现出越来越专业的购楼水平，但在“买”与“不买”的决策关键时刻往往是感性的。感性购买在购买行为中占绝大多数。

有一次，一位做生意的朋友看上某小区内的一套首层二手楼，让我帮他去谈价格。在谈价现场，还没等我开口，他就问起产权等一系列情况，显出一副十分想要的架势。这就让卖方有机可乘了，虽然价格略高，但这位朋友最终还是买了。后来，我问他为什么明明知道卖方要价高出市场价格也要买时，他强调因为是首层，可以一边住、一边当仓库用。可事实是，他买下之后就租给了别人。

很多时候都是这样，人们感性买楼，却要寻找一个理性购买的借口。很多不道德的售楼人员往往利用人们“感性购买”这个特点欺骗客户，导致不少客户一下完定金或购买后就后悔。一个专业的售楼人员当然要利用好“感性购买”，但必须善意引导客户购买，通常要在以下三个方面做足功课：

一、掌握客户真实需求

客户对自己需求的了解程度分三种：一是不知道自己的需求；二是知道自己的需求，但不能确定，需要专业意见；三是非常清楚自己的需求。即使知道自己的需求，客户有时在表达上也会出现误差，或者不想过早地表达真实需求。因此，有效探寻出客户的真实需求是非常重要的。在新的房地产销售模式中，有效探寻客户购楼需求所用时间可占到30%，这也说明探寻需求是一件非常艰难且重要的工作。

很多售楼人员只是简单询问“想买几房”“预算多少”等问题，就急于介绍或推荐房屋，这是一种不可取的行为。要想有效地探寻出客户的购楼需求，首先，要了解客户的背景，例如，原住址、原住房面积，对原住房满意和不满意的地方，家里的常住人口，有无老人和小孩，小孩上学和家人工作地点，常用的交通工具等状况；其次，可直接询问客户置业的要求、目的，以及理想支付范围等；最后，要总结客户的需求。当然，有时并不是一见面就可以了解这么多，在介绍或看楼过程中，必须以恰当的语句不停地提出相关问题，直到真正掌握需求为止。

在我的内训课程中，我会为学员列出30个必须问的问题，再根据各楼盘的特点设计出针对不同人群的选择性问题。在你的售楼工作中，也必须根据上述几个方面的内容确定自己要问的问题，并加以背诵，熟练运用。

二、卖给客户他们想要的楼盘，而不是你想要的楼盘

很多售楼人员在介绍楼盘时，总是从自己想要的楼盘出发，一味强调自己认为非常重要的卖点。其实，很多时候这个卖点根本就不是客户关注的。如果售楼人员一味强调自己关注的卖点，可能会失去许多准买家。

据深圳一个高尔夫别墅盘的统计，三分之一的买家根本就不会打高尔夫球，三分之一的买家不经常打高尔夫球，只有三分之一的买家经常打高尔夫球，在三分之一经常打高尔夫球的买家中，有三分之二的人也不经常在该球场打球。如果售楼人员理所当然地认为居住在该别墅打高尔夫球非常方便是最大卖点，可以想象会失去多少买家。

因此，在楼盘介绍过程中，必须根据顾客的真实需求，有选择地重点介绍，并对客户需求点进行反复强调。对于那些客户根本不关心的卖点，则可以一语带过。当然，这些客户不关心的卖点也不能不介绍，在你没有掌握客户的真实需求之前，这些卖点也可能会让客户眼前一亮。当客户表现出兴趣，并对此提出问题时，你一定得重新探寻顾客的真实需求，并加以强调。

三、激发客户购买欲望

激发客户购买欲望就是找准客户买楼的最主要动机，通过描绘一些画面（也可以是实物）让客户参与进去，让他置身于购买后的美好体验中，并迅速做出决策。当然，这必须是客户真正想要的，不能误导客户。

第 28 章　深度挖掘金矿客户的三大原则

一个做销售的朋友给我讲过这样一个故事：有一次，他去商场买皮带，销售人员热情地给他介绍了各种款式、各种价位的皮带，他最终选中了一条价格较贵的，就交钱走人了。其实，他那天穿的皮鞋也很旧了，销售人员却没有建议他换一双。这件事情说明，不少销售人员不会处处留心客户的真实需求，不懂得适时推销。

其实，这种缺乏推销意识的行为在售楼人员中也广泛存在，买楼者到处都是，关键是如何把他们找出来。你可以开发的购楼新客户可能就是你周边的亲朋好友、同学或同事，或者是过去出于某种原因没有跟你买楼的客户，甚至是已买过楼的客户，包括他向你介绍的新买家等。但是一些差劲的售楼人员通常识别不出潜在客户，一是因为他们不知道如何识别；二是因为他们懒得寻找。

那么，专业的售楼人员应该如何挖掘身边的资源呢？首先，要打电话给所有的亲朋好友、同学、同事，或者其他有联系的人，告诉他们你现在在做什么，这一点很关键。如果你周围的人根本不知道你在做什么，又怎么可能找到你买楼呢？其次，要定期通过电话、短信或微信，甚至快递卡片、礼品的方式向周围人问好，重复地告诉他们你在做什么，让这些人不要忘记你，创造为这些人服务的机会。再次，凡是你接待过的客户，不管有没有跟你买楼，都要定期联系，跟你买过楼的客户更要加强联系。最后，要向这些客户介绍自己现在在做什么，卖什么楼盘，争取这些客户在你这里实现二次置业或转介绍新的客户。如果得知谁要结婚，就要主动寻找推销房屋的机会；如果有人离婚，就要在恰当的时候、恰当的场合征询有关房屋处理的情况，争取更多的房源。总之，要与周围人保持联系，还要通过细心的观察发现他们的真实需求，并促成交易。

所有的售楼人员都喜欢为熟人推荐房屋或达成交易，当然也希望能与新客户打成一片，由生人变成熟人，由熟人变成强关系，由强关系变成买卖，这是达成交易的必经之路。专业的售楼人员应该如何挖掘这些潜在购买力呢？通常需要遵循以下三个原则：

一、建立良好的关系

无论是熟人圈，还是全新客户，建立起良好的关系是成功售楼的第一步。在全新的房地产销售模式中，这一步的完成要占据40%的时间。如果急于求成，往往适得其反。投入一定的时间、精力与客户进行情感维护，你会发现销售房屋就会变得水到渠成。在建立与维护客户关系时，一定要记录客户的个人情况及相关需求，包括每次电话跟进或看楼时的相关情况及客户的各种反应。很多售楼人员说自己的记性好，不用记录也能记住客户的相关情况，这种观念非常不可取，毕竟，“好记性不如烂笔头”。你能记住 10 个人，但你很难记住 100 个人；你能记住一个星期、一个月，但你记不住半年、一年。因此，在建立与维护客户关系时，客户跟进记录是十分有必要的。

被誉为“世界第一人际关系大师”的麦凯信封公司董事长哈维·麦凯在跟进客户时，会通过 66 个问题为客户建立档案，这 66 个问题（见本章附件）被很多世界 500 强企业稍加修改后广泛采用。作为专业售楼人员，必须建立自己的客户档案。由于获得资讯的途径有限，你的客户档案不一定非要有 66 个问题，但起码需要包含以下内容：

（1）个人资料（姓名、电话、地址等，越详细越好）；

（2）家庭情况（家庭人口、婚姻状况、家庭收入、是否有小孩及老人、小孩是否在读书等）；

（3）工作情况（行业、单位、地点、职位、收入等）；

（4）居住情况（现居住地、居住面积及户型、居所取得形式、对现居所满意的地方和不满的地方等）；

（5）购房需求（购房动机、具体需求、购买时间等）；

（6）购买决策情况（购房资金来源及构成、关键决策人等）；

（7）对市场的了解情况（看过哪些楼盘、感觉如何等）；

（8）其他情况（个人爱好、社交圈等，沟通时可随时增加客户感兴趣的话题）。

二、把握时间

绝大多数人的决策都是在一瞬间做出的，专业售楼人员必须把握住这个瞬间。在探寻出客户的真实需求后，一般不能给客户太多的思考时间，否则他们的回答可能就不是我们想要的答案了。因此，为了有效把握客户决策的关键时刻，专业售楼人员一般会做一些准备，针对客户可能的反应和态度设计一套话术，并模拟现场不断地思考、演练。这样，在遇到客户类似的反应或态度时，就可以自如地应对了。

三、替客户做决定

售楼时不妨借鉴一下医生看病的经验。医生看病一般是从问问题开始，之后用相应的医疗手段检查，再进行分析及推断，确定病人生了什么病，最后对症下药。在这个过程中，医生帮助病人做了“用什么药或什么医疗手段治疗”的决定，病人从来不会说“不”。

专业售楼人员也可以使用类似方法，通过问问题了解客户的各项情况及需求，可以用假设问句来确认客户需求，然后帮客户做出“买什么样的楼”的决定。在这个过程中，要表现出你的专业，说明你的理由，让客户信服。

附件：麦凯信封公司客户档案

麦凯信封公司客户档案

日期___________

最新修订时间___________

填表人___________

顾客

1. 姓名___________昵称（小名）___________
2. 职务___________
3. 公司名称___________公司地址___________
4. 电话（公）___________（宅）___________
5. 出生年月日___________出生地___________籍贯___________
6. 身高___________体重___________

   身体特征___________（如秃头、关节炎、严重背部问题等）

教育背景

7. 高中名称___________就读时间___________

   大学名称___________毕业日期___________学位___________
8. 大学时代得奖纪录___________研究所___________
9. 大学时所属兄弟会或姐妹会___________擅长运动___________
10. 课外活动、社团___________
11. 如果顾客未上过大学，是否在意学位___________

    其他教育背景___________

12. 兵役军种____________退役时军阶____________

    对兵役的态度____________

家庭

13. 婚姻状况____________配偶姓名____________
14. 配偶教育程度____________
15. 配偶兴趣/活动/社团____________
16. 结婚纪念日____________
17. 子女姓名____________子女年龄____________

    是否有抚养权____________
18. 子女教育情况____________
19. 子女喜好____________

业务背景资料

20. 顾客的前一个工作____________

    公司名称____________

    公司地址____________

    受雇时间____________受雇职衔____________
21. 在目前公司的前一个职衔____________

    现职衔____________日期____________
22. 在办公室有何“地位”象征____________
23. 职业及所属贸易团体____________所任职位____________
24. 是否聘顾问____________
25. 本顾客与本公司其他人员有何业务关系____________
26. 关系是否良好____________原因____________
27. 本公司其他人员对本顾客的了解____________
28. 何种关系____________关系性质____________

29. 顾客对自己公司的态度____________

30. 顾客长期事业目标____________

31. 顾客短期事业目标____________

32. 顾客目前最关心的是公司前途还是个人前途____________

33. 顾客多思考现在还是将来____________原因____________

特殊兴趣

34. 顾客所属私人俱乐部____________

35. 参与政治活动________政党________对客户的重要性________

36. 是否热衷社区活动____________如何参与____________

37. 宗教信仰____________是否热衷____________

38. 顾客隐私（离婚等）____________

39. 顾客对什么主题特别有意见（除生意之外）____________

生活方式

40. 病历（目前健康状况）____________

41. 饮酒习惯____________所嗜酒类与分量____________

42. 如果不嗜酒，是否反对别人喝酒____________

43. 是否吸烟____________，是否反对别人吸烟____________

44. 偏好的午餐地点____________晚餐地点____________

45. 偏好的菜式____________

46. 是否反对别人请客____________

47. 嗜好与娱乐____________喜欢读什么书____________

48. 喜欢的度假方式____________

49. 喜欢观赏的运动____________

50. 车子品牌____________

51. 喜欢的话题____________

52. 喜欢引起什么人注意____________

53. 喜欢以怎样的方式被重视____________

54. 你会用什么来形容本顾客____________

55. 顾客自认最得意的成就____________

56. 你认为顾客长期个人目标为何____________

57. 你认为顾客短期个人目标为何____________

客户和你

58. 与顾客做生意时，你最担心的道德与伦理问题____________

59. 顾客是否觉得对你、你的公司或你的竞争负有责任________
如果有的话，是什么____________

60. 顾客是否需改变自己的习惯，采取不利于自己的行动才能配合你的推销与建议________

61. 顾客是否特别在意别人的意见____________

62. 顾客是否非常以自我为中心____________是否道德感很强____________

63. 在顾客眼中最关键的问题____________

64. 顾客的管理阶层以何为重____________顾客与他的主管是否有冲突____________

65. 你能否协助化解顾客与主管的问题____________如何化解________________________

66. 你的竞争者对以上问题有没有比你更好的答案____________

其他注意事项____________

注：本附件摘自《攻心为上》，仅供参考。

第 29 章　为什么说“世界上没有卖不出去的房子”

一场暴风骤雨过后，一个小男孩在海边的水洼旁奋力地捞起一条条小鱼，然后将它们放回大海，他在拯救这些小鱼的生命。旁边的一个老人忍不住走过去对他说：“孩子，这水洼里有几千条小鱼，你救不过来的！”

“我知道。”小男孩头也不抬地回答。

“哦，那你为什么还要继续呢？谁会在乎这些呢？”老人问。

“这条小鱼在乎啊！”小男孩一边捞一边说：“这条在乎，这条也在乎，还有这一条、这一条……”

很多售楼人员在推销楼盘时都会走入故事中那位老人的思想误区，就是在对待客户的需求时过分强调策划中比较宏观的市场细分思维。

“萝卜青菜，各有所爱”，个人的口味、喜好不同，往往导致众口难调，运用市场细分规则可以找出一些规律。就全国的饮食习惯来看，有“南米北面”之分，口味上也有“南甜、北咸、东酸、西辣”之别，因此，在不同的地方需要推出不同的产品，这在市场营销上是可行且有效的。房地产项目策划也一样，要根据调查情况开发相应的产品，并通过有针对性的宣传吸引目标客户来到楼盘现场，剩下的则是销售工作，也就是要说服目标客户购买。

策划中的客户是通过市场细分，以“群”来划分的，销售则要在这个“群”中一个一个地区别对待，这就要找到每个人对“萝卜”或“青菜”的偏爱。要想销售成功，就必须用“一把钥匙开一把锁”的思路耐心地挖掘每一位客户的需求，不能以某一类目标客户的共性为标准判断每个人的实际需求。不要习惯性地认为某一类客户只能购买某一类楼盘，从而放弃其他类型楼盘的推荐。其实，人们的购买需求受很多因素影响，同一类型的客户，其需求往往也因收入、家庭、观念、偏好、个人情况等的差异而千差万别，销售工作首先就是要找出每个人的不同需求。

有一次，我们代理了一套一楼的小单元，40 平方米，还隔成了两房一厅。业主放盘时特意留下了钥匙，说方便我们看楼。房屋价格不高，总价才 95 万元。有个售楼人员拿到钥匙就兴致勃勃地去看房了，但回来之后好像换了个人似的。原来，该房子旁边 20 米远的地方有一排垃圾桶，不但散发出浓浓的臭味，而且有苍蝇飞来飞去。“太恐怖了!”回来的那位售楼人员这样形容。于是，大家原以为收到一个“笋盘”的喜悦心情一下子烟消云散，都断定这套房子肯定没有人要了，都懒得去推这套房子。

半个多月以后，分行文员因为不清楚情况，把这套房子的房源纸更新到了玻璃门上。没过几天，一位男士就来问这套房子的情况，售楼人员把情况如实地跟他讲了一遍，本想打消他看这套房子的念头，没想到他却很有兴致地要求去看一下，该售楼人员很不情愿地带他去看房子。接下来，更加没想到的事情发生了，这位男士竟然下了 3000 元“临定”，第二天就签了《房屋买卖合同》。原来，这位男士是一位清洁工，在广州干了五六年，非常渴望有个自己的家，而那套房子周围的环境他早已习惯，一套本以为没有人买的房子就这样成交了。

因此，在卖楼过程中要区别对待每一位客户的需求，绝对不能理所当然地认为这群人的需求都是一样的。在遵循总体原则的前提下，为客户提供个性化的销售服务将有效提高销售业绩。

第 30 章 你也是这样三步强效鉴定客户购楼需求吗

你拒绝过多少个销售人员向你推销产品？这些被你拒绝的销售人员有什么共同特点？去商场买衣服，当你试穿第一件时，销售人员会对你说“穿上去很合身”，你可能会认为这件衣服不错，当你试穿第二件、第三件时，如果这个销售人员还是这样说，你就会发现他只是在附和你，根本就不了解你的需要是什么，他只不过是太在乎向你推销他的产品而已，你也会因此迅速离开。

在房地产销售工作中，我经常听到售楼人员这样的声音：“我知道你想买什么楼”“这就是你刚才说要买的房子啊”“你应该买这个单元，我们的房子是最好的”“我们公司规定的条款就是这样的啊”“我们公司的报价从来没折扣的”等。你是否说过或者听到过类似声音呢？

不少售楼人员都习惯于使用这种推销方式，我称这种方式为“硬销”。在买方市场，一切销售工作必须以“客户”为中心，“硬销”的方式已经越来越难以取得有效的结果。客户在众多选择机会面前总是愿意与那些了解他们真实需求的售楼人员打交道，而那种试图操纵他们，以强势的语气强迫他们购买的售楼人员只能令他们敬而远之。

在现在乃至数十年以后的房地产销售工作中，了解客户的真实需求是一个十分重要的环节，也是最为困难的环节。在向客户推销房屋之前，必须清楚客户想要什么样的房子，我把这个认清客户需求的过程称为“购楼需求鉴定”，通过“购楼需求鉴定”达成如下目标：辨别客户已经意识到的购房需求；找出客户可能还没意识到的购房需求；适当制造紧迫感。

专业的售楼人员如何达成这三个购楼需求鉴定目标呢？在与客户接触时到底应该多谈产品还是多谈客户自身情况呢？

许多售楼人员与客户一接触就开始滔滔不绝地介绍房屋，开门见山地谈论自己所卖的房屋，因为他们熟悉，这样谈会保险一些；如果直接谈论客户，由于对客户不了解，不知从何谈起。其实，这是一种错误的选择。在你不了解客户需求的前提下，直接谈论，很容易不着边际，甚至对牛弹琴。售楼精英虽然也十分熟悉自己所卖的房屋，他们却更愿意多花一点时间在客户身上。当然，最后他们还是要回到所卖的房屋上来，但是在充分了解客户需求（想买什么样的楼，为什么要买）之后。在介绍房屋时，他们总是充满激情地告诉客户，他所卖的房屋如何，为什么能够满足客户的需要。

如何鉴定客户的购楼需求呢？售楼精英介绍的不是自己感兴趣的房屋，而是专注客户感兴趣的房屋。他们通常会设计一系列非常棒的问题，通过这些问题了解客户的需要。这样，他们在沟通时就不至于忽视客户的感受而一味吹嘘自己所卖的房屋，从而导致客户对所谈论的房屋毫无兴趣。这些方法在医生、律师、教授等许多职业中被广泛运用。一个专业的售楼人员要了解客户需求就必须从问问题开始。问问题一定要有逻辑地连续思考，例如，客户主动上门或打电话来，你就可以问他：“是通过什么途径了解到我们的楼盘？”如果客户说：“是别人介绍的。”你可以接着说：“是的，这段时间的确有很多老客户介绍客人来买楼，能不能告诉我是谁给您介绍的呢？”接着客人会说出介绍人，如果这位介绍人在你公司买过楼，他也一定会说明。因此，你可以继续跟他说：“真是非常感谢他，不知当时他是如何给您介绍我们楼盘的呢？”客户接着会说出介绍人介绍的情况，或许这就是他这次来的目的。所以，通过这样的连续提问，不但可以了解客户的兴趣点在哪里，还能树立起顶级公司形象——因为问题中提及很多老客户，这说明你的公司赢得了客户们的认同，否则，怎么会有这么多老客户介绍呢？

作为一个专业的售楼人员，你必须根据当地人的习惯及你所卖楼盘的情况设计出一系列问题。售楼精英通常会通过提出以下问题来了解客户的购楼需求：

（1）了解顾客现在的居住情况

①您现在住哪里？

②您现在住的房子是自己买的，还是租的？

③您现在住的房子面积多大，是几房的？

④您觉得现在住的房子面积够用吗？还需要多少面积才能满足您的需要呢？

⑤您家里一共有几个人？

⑥您家里有老人吗？

⑦您家里有小孩吗？

⑧您最喜欢现在房子的哪些地方呢？

⑨您现在的住房及周边环境能为老人带来哪些便利呢？

⑩您现在住的地方方便小孩上学吗？

⑪您对现在住的房子最不满意的地方是哪里？

⑫您是怎样考虑换房这件事的呢？

⑬您希望新买的房子与现在的住房相比，哪些地方有所提升呢？

⑭您现在住的地方是小区还是街道呢？

⑮您对小区（街道）生活哪些地方感到满意呢？

⑯您对小区（街道）生活哪些地方感到不满意呢？为什么？

⑰您在看我们楼盘之前，看过哪些楼盘呢？

⑱您对之前看过的楼盘是怎样评价的呢？感觉怎样呢？

⑲您这次购房最关注的是哪些地方呢？

⑳您这次购房的预算是多少呢？

㉑您希望每月用多少钱来投资您将拥有的房屋呢？

（2）顾客对公司或楼盘的了解

①您是通过什么途径知道我们楼盘（公司）的呢？

②您以前听说过我们这个楼盘（公司）吗？

③您以前对我们楼盘有了解吗？

④您对我们楼盘的管理公司有了解吗？

⑤您是否有亲朋好友买过我们的房子呢？

⑥您了解我们公司的实力吗？

（3）专业人士

①专家推荐对您购房重要吗？

②是否有朋友也在做房地产方面的工作？

③您了解专家对我们楼盘的评价吗？

（4）制造紧迫感

①您考虑买（换）房子多久了？

②是什么让您决定来看我们这个楼盘的呢？

③您对房地产形势是怎么看的呢？

④您对我们楼盘的销售速度了解吗？

（5）价格

①您会仅仅根据价格来决定房屋的购买吗？

②当您决定购买时，什么因素最重要呢？价格？质量？还是开发商实力？

③您对今后房地产的价格走势是怎样看的呢？

在实际工作中，你不必一字一句照搬上述问题，关键要在与客户的沟通中，根据谈话的场合及气氛灵活提出各类问题，了解客户的真实需求。

第 31 章　三种典型的热情过度会伤害顾客

有一次，我去逛商场，来到一家服装品牌店，销售人员非常热情地出来打招呼："先生！有什么可以帮到您?"我连忙说："随便看看。"于是这位销售人员紧跟在我身后，当我的目光停留在一件深蓝色西服上时，她赶忙说："这是今年最流行的颜色。"当我的目光转向另外一套西服时，她又赶忙说："这个款式这个月搞促销，可以打七折。"当我仔细观察一条男士围巾时，她又迫不及待地说："今年这种围巾很畅销。"于是，我只好加快脚步，逃出这家店。

你是否也遇到过类似情景呢？销售人员在销售产品时，表现出热情固然重要，但热情过度，也会让顾客逃之夭夭。其实，不光是百货类销售存在这种问题，在房地产销售领域同样存在类似情况。不少售楼人员因为迫切想了解客户的需求，所以一见面就热情过度，导致客户心有去意，哪还有心思听他介绍呢？

这种情况在一二手楼销售中都存在。在一手楼销售中，很多售楼人员会一开始就询问客户有什么可以帮忙的，不少客户会说"随便看看"，如果售楼人员还一个劲儿地向他介绍楼盘，结果可想而知；在二手楼销售中，也有不少客户在盘源架前东张西望，售楼人员走过去询问有什么可以帮忙时，有些客户会说："随便看看。"此时，如果售楼人员还站在那里等他的话，客户大多会匆匆离去。

如何处理好这些问题呢？如何有效主导初次接触后的沟通呢？其实，在语言上有很大空间回旋。如果是购买一手楼的客户说随便看看，你可以把近期的最优惠措施抛出来吸引他，比如近期推出一两套特惠单位，你就可以说：“我们楼盘这个星期推出一些特惠单位，每套房子可以省 50000 元，不知您有没有兴趣了解一下?”通常情况下，客户对可以让自己获得实惠的东西是有兴趣的，这几套特价单位未必是他想要的，但你的话已经吸引了他，接下来，你就可以顺利地主导这次沟通了。如果是二手楼销售，售楼人员手上必须要有一两套较“笋”的房子，当你听到客户说“随便看看”时，可以对他说：“昨天有一位业主因出国急着卖房，价格特别优惠，不知您是否有兴趣了解一下?”通常情况下，这类原因最能吸引二手买家的注意，一旦他有兴趣，你就可以引领他进入店内详谈，从而开始你的需求鉴定工作。

从上面的例子可以看到，有时可以用话术来解决推销中的热情过度问题，专业的售楼人员必须善于思考，思考各种情况下的话术运用。话术只能解决表面问题，一个真正专业的售楼人员要做好事前控制，在销售房子的过程中，既要让客户感觉到热情，又要防止热情过度。

许多售楼人员在销售房屋的过程中对热情存在误解，下面是三种比较典型的误解：

（1）热情就是大声。许多售楼人员声音洪亮，但往往令客户的耳膜振动幅度过大，产生焦虑。与客户交谈时，保持适当的音量即可。有一种情况例外，当你的客户是位听力不好的老人时，要适当提高音量。吐字清晰才是交谈的关键。

（2）热情就是形影不离。很多售楼人员在介绍楼盘或带看时，总是紧贴客户，这种形影不离的做法在足球赛中可能会非常有效，但在售楼过程中却会让客户感到不安，有种被人控制的感觉。你必须与客户保持一定的距离，留心观察客户的行为，在他有需要时，立即出现在他的面前。注意：千万不要站在客户身后，会让人产生不安。如果你总是在客户身后，那推销的结果不言而喻。

（3）热情就是给对方压力感。不少售楼人员总是很强势，一副盛气凌人的样子，在这种情况下，即使你表现得非常专业，客户还是会有一种被人驾驭或被强迫推销的感觉。因此，他将表现出对你的反抗，甚至是拒绝。

一个专业的售楼人员在推销中要做到热情有度，除了避免上述三种情况发生，还要怎么做呢？做到以下四点将会有效提升你的售楼热情：

（1）让热情从你的内心流露出来。热情不是一两个动作就能表现出来的，它是你的整体表现，从眼神到微笑，从言语到肢体动作，从外表到内心。在你接触客户时，必须充满热情；当你全身充满热情时，你就会有一种充满电的感觉，非常渴望为客户介绍楼盘。

（2）热情需要智慧，更需要随机应变。你要不断完善自己的话术，让自己的热情可以应用于无形。

（3）热情就是要多肯定客户。多与客户交流能够获得他肯定的话题，这样最容易让客户接受你本人及你的推荐。如果客户说“不”，则对销售不利，因此你必须事先准备一些让客户说“是”的话题。

（4）如果你担心过度热情会失去客户，而对客户不热情，那就大错特错了，因为热情失去总比不热情失去来得好。

第 32 章 如何精确无误地点中客户需求“死穴”

曾经有一位售楼人员带一对夫妻去看一幢老房子。当这对夫妻进入院子时，细心的售楼人员注意到这位太太很兴奋地告诉她的丈夫：“你看，院里的这棵樱桃树真漂亮。”而她的先生则示意她不要吭声。

当这对夫妻进入客厅时，他们显然对这间客厅陈旧的地板不太满意，这时，业务员就对他们说：“是啊，这间客厅的地板是有些陈旧，但这幢房子最大的优点就是当您从这间客厅向窗外望去，可以看到那棵非常漂亮的樱桃树。”当这对夫妻来到厨房时，太太抱怨设备陈旧，这个业务员接着又说，“是啊，但是当您在做晚餐的时候，从厨房向窗外望去，可以看到那棵美丽的樱桃树。”当这对夫妻到其他房间时，不论他们如何指出这房子的缺点，这个售楼人员都一直重复地说：“是啊，这幢房子是有许多缺点，但你们知道吗？这房子有一个优点是其他房子没有的，那就是您从任何一个房间的窗户向外望去，都可以看到那棵非常漂亮的樱桃树。”

在售楼人员不断地对这棵樱桃树的强调下，这对夫妻所有的注意力都集中在了那棵樱桃树上，最后，这对夫妻花了 50 万元买了那棵“樱桃树”。

这是我在一次房地产销售培训中收获的案例，我把它运用到日后的房地产销售工作中，很快发现这是一个非常棒的方法，帮我获得了很多销售的成功。一套房子会在不同方面满足客户的需求，房子的质量、物业管理、价格往往只能满足客户的初级需求，这种情况在二次以上置业时更为明显，真正影响客户购买决策的，往往是某一两个能满足客户特别需求的卖点，就像上述案例中那棵美丽的樱桃树。要想成功地把房子推销给客户，就必须找出客户心中的那棵“樱桃树”，我称之为“按动客户的需求热键”。

作为一个专业的售楼人员，如何寻找并按动客户的需求热键呢？

从马斯洛的需求层次理论来看，人的需求是分层次的，处于不同阶层的人其主导需求是不一样的。例如，总价对处于工薪阶层的购房者来说，可能是非常关键的影响因素，但对一个中产阶级来说，其影响购买决策的程度则没有那么明显。人类的需求是多样的，但每个人对各种需求的渴望程度会有不同，否则人人都想开豪车、住豪宅了。事实上，每个人都会根据自己的情况选择适合自己的东西，人们的决策是由其主导需求决定的，也就是由他最关心的需求决定的。一个乞丐的主导需求是解决温饱及生存问题，他绝对不会天天想着开豪车、住豪宅。

因此，要按动客户的需求热键，首先要搞清楚客户的主导需求。一个人的主导需求是他有能力满足的，而且离不开他的社会阶层，所以搞清楚主导需求等于解决了客户的身份问题。专业的售楼人员在认清客户身份的同时，会留意客户的每一个细微动作和反应，观察他们最渴望得到的东西和亟待解决的问题，然后不断强调它。

越秀区是广州市的教育强区，区内分布着众多知名小学，很多家长买越秀区的房子最直接的目的就是解决孩子的教育问题。古有孟母三迁，当今社会的“孟母”并不比古代少，为了孩子，做父母的大多舍得花血本。正因如此，越秀区的房子虽然比较破旧，价格却居高不下，并且供货量不多。

以前，我在做越秀区的二手楼时，总是会收集每年的高考状元名单，看看他（她）们的相关介绍，了解他（她）们以前在哪个小学读书，报纸上、网络上的相关新闻我都会收集起来。经过一段时间我发现，其中一些小学出了不少状元，于是我把这些资料汇总起来，并介绍给客户。在之后的一段时间，这些小学周边的房子推销起来十分容易。

由于越秀区的房子普遍比较旧，价格又高，销售时难免会被客户指出不少缺点，使他们产生很多抗拒，但我始终知道客户心中的“樱桃树”是什么。于是，每当客户说这套房子都二十年楼龄的时候，我就对顾客说：“是的，是有点旧，不过购买这套房子以后能够入读的××小学可是经常出‘状元’，××××年的‘状元’就是在这里读小学的啊！”每当客户抱怨价格太高时，我就对他说：“是啊，是高了一点，可是购买这套房子以后能够入读的××小学可是经常出‘状元’，××××年的‘状元’可是在这里读小学的啊！”无论客户提出什么反对意见，我总是用该套房子可入读的小学来避开话题。这样不知不觉，客户的注意力就转向了该小学，之后，他可能会询问该小学的情况，如何入学，要办理什么手续等。当谈话进入这个阶段时，交易时机基本成熟，剩下的工作就是跟他签一份《认购承诺书》。

当客户提出房子太旧时，很多不专业的售楼人员总是去解释为什么会这么旧；当客户提出房价太高时，则用行情等一系列话题去解释，这样不但浪费时间，也不能有效地解除客户的抗拒。

消除客户抗拒的最有效方法就是在需求鉴定阶段搞清楚他们的需求热键是什么，并不停地按动它，这样你的售楼工作就会事半功倍。当然，你需要设计有效的问题，并在与客户沟通的过程中不停地提问。此外，要细心观察客户的肢体语言，以及你提出各种问题时客户的反应。

第33章　让客户自己说出“我要买楼”的聆听艺术

我们知道上帝造出了亚当和夏娃，却不知道为什么上帝创造的人有两只耳朵、两只眼睛和一张嘴巴。也许是上帝要求人们多听、多看、少说话吧。从理论上说，做到这一点并不困难。但在现实生活、工作中，即使很多人做到了少说话，也还是远远不够的，因为在别人说话的同时，他们却在思考自己接下来该说些什么，这比打断别人说话还糟糕，因为这样既没有表达出自己的观点，也没有听到别人的想法，因此，学习如何听懂别人的话是十分有必要的。学校里经常会开设一些教人如何说话的课程，却没有教人如何“听”话的课程。

真正的聆听不是简单地听别人说话，而是聚精会神地听别人说话。不但要听懂别人话里的意思，还要听出隐含的意思和信息，对正确的观点要不停地表示赞同，这是对说话者的基本尊重。

例如，当你听到客户抱怨管理费太贵时，你可能就要给他推荐一些管理费便宜的二手楼；当客户说他的妻子是××学校的教师时，离××学校近的房子可能会比较符合他的需求；当客户抱怨股市低迷时，可能向他推荐投资性物业是个比较好的选择；等等。在与客户交谈的过程中，无论谈什么，都要留心客户在想什么，只有掌握了客户的关键需求，才能做出有效的推荐。与此同时，你必须听懂客户的需求，并向他们表明你的关心。

有一次，我的下属带一位年近五十的阿姨去看一套小面积单元房，看完后就带阿姨到会客室洽谈。不谈倒好，一谈就把这位阿姨的话匣子打开了，她完全不谈买楼的事，竟然谈起她的遭遇来。先是说自己开士多店维持生活怎样艰难；之后又谈到她的丈夫怎样好赌，把家里的钱全赌光了；而后，又谈论因为没办法忍受丈夫的赌博而离婚，没想到丈夫为了赌钱把写有其一个人名字的房子偷偷卖了；再之后，谈到她的儿子吸毒，如何不孝，时不时来她经营的士多店偷钱和东西；最后又说到房租怎么贵，房东如何苛刻等。一谈就谈了近两个小时，在这两个小时里，一点也没说与买楼有关的事。

谈话快结束时，这位阿姨擦了擦湿润的眼睛问道：“那套一房一厅多少钱?”那位售楼人员告诉她：“140万元。”“这么贵。”她本能地回答。“没办法，现在楼价正在涨啊。”售楼人员回答。“好吧，那就140万元吧。”这位阿姨把她偷偷存起来的钱全部拿出来了。我想，要是这位售楼人员没有耐心听她说完，恐怕这单生意会落在其他哪位甘心做听众的售楼人员手中。

聆听总会给你带来惊喜。聆听可以建立信任，有调查表明，没有一种比耐心聆听别人说话获得信任更快的方式，客户喜欢的总是那些能了解他们实际需求，帮助他们获得最大效益的“好听众”；聆听也可以消除客户的购买抗拒，你听客户说得越多，客户的状态就会越放松；此外，聆听的反面就是“忽视”，如果你只注意听你认为有价值的事情，而忽视客户认为有价值的事情，则会让客户泄气、受伤害或觉得被轻视，那你就有可能错过一次好的成交机会。

那么，售楼人员在售楼过程中应该如何有效地聆听客户心声呢?

(1) 做到心无旁骛。身体稍微前倾，直接面对客户，不要形成角度，目光集中在顾客的脸、嘴及眼睛上。

(2) 停顿一下再回答。一般在客户讲完后，等三至五秒再回答。

(3) 有效澄清问题。当你没有听明白或没有听清楚客户的话时，可以用“您的意思是……”或“您刚才讲的是……”等话语来追问一下。

（4）重复客户说的话。每听客户讲完一件事，也可以用“您的意思是……”或“您讲的是……”等话语来确认一下。这样，一方面能确认你没有听错，另一方面也表示你在认真听他讲话。

第 34 章　如何通过提问使自己的售楼业绩倍增

在谈生意时，东方人与西方人的程序是完全不一样的，西方人喜欢先签合同后干杯，东方人则大多是先喝酒，再签合同。相信大家也都理解这种现象，或者对这种现象有一定的认识，但很少有人能细致地观察并研究这里面的学问。其实，谈成生意的关键并不在于喝酒本身，而在于通过喝酒加强信赖感，并提出问题，通过问问题的方式掌握对方的情况，从而做出有利于自己的决策。

有一次，一个在开发区负责招商的人跟我讲了这样一个案例。一个新加坡厂商派了三位代表来该开发区考察投资项目，这是第二次考察了，也是拍板的关键时刻。这位负责人热情地接待了他们，安排好酒店后，就开始了饭局。饭桌上，这位负责人非常热情地对其中一位代表说："李先生，您可是个大忙人，新加坡那边一定有很多事要您拍板吧？不知道您准备停留几天，要不要我帮您订好回程机票？"这位代表看负责人这么热情，很高兴地对他说："新加坡那边确实有很多事要我回去拍板，这里的事一办完我得立即回去，恐怕最多也不能超过五天。"一句简单的问话就获取了一个重要消息，既然时间对自己有利，这位负责人就接着问道："来广州这么短的时间，有没有安排观光行程？要不要我们安排一下？"新加坡代表笑着不吭声。第二天，我的朋友就安排三位代表到处"观光"。临走前一天的下午，安排了一个象征性的考察活动，这宗招商生意也就顺利地签下来了。

你可能会疑惑，这些都是公司层面常用的手法，房地产销售工作是由售楼人员把房子直接销售给终端用户的，不需要酒肉先行，问话的作用是否还有这么大呢？还是否可以通过问问题来主导与客户的谈判呢？

其实，房地产销售也一样，了解客户的相关情况和需求都需要通过适当的提问来实现。一个售楼人员业绩的好坏，与这个人提问的能力有密切关系。在第 30 章中，我们列出了众多需要询问的问题，这些问题应该通过什么样的方式来提出呢？下面简单介绍一下能够主导与客户面谈的三种问句：

一、开放式问句

这种问句的主要作用是探寻客户的真实情况及心理，多会用到这些字眼："什么""哪里""何时""何地""怎样""是谁""为什么""多少"等。这些问句的答案通常不会是简单的"是"或"不是"，而是开放式的，让客户自由发挥。由于答案是开放的，所以客户需要较长的时间去回答，这样一方面能够让售楼人员更好地聆听，有更多机会了解客户情况，把握其需求；另一方面，也有利于售楼人员引导并控制整个对话。

例如，在售楼过程中你可能问客户："您对目前住的地方哪一点最不满意？"客户可能会说一些原因，你听完之后，可以问："为什么这样认为呢？"以此让客户表达他们对现状的不满，这种不满就是客户的需求之一。又如，客户可能会觉得楼价太贵了，你可以这样问："您为什么会认为太贵了呢？"客户同样会解释相关原因，也可能会拿你推荐的楼盘与别的楼盘进行对比，如果是这样，你可以直接询问他看过参照楼盘没有，对那个参照楼盘有什么样的感觉？这样一来，不但可以了解客户对价格的态度，还可以了解他看过什么楼盘，以及这次交易的竞争对手的相关情况。

二、封闭式问句

这种问句的作用主要是收缩谈话范围，逐渐把话题导入单一的焦点或购买决策上来。它的答案通常是“是”或“不是”，“有”或“没有”。问句通常都是以“你是否”“你过去”“你曾经”“你有没有”来开头，或用一些否定词“你不是”“你没有”“你不曾”“你不会”来开头。从这种封闭式问句中可以找出客户的明确回答，例如，客户在与你谈价时，对某套房子还价 40 万元，当低于底价或与底价非常接近时，你可以这样问：“40 万元离业主的底价还是有一段距离，但我可以试试做业主的工作，碰碰运气，不过，您能不能先下一点诚意金呢?”以此来探测客户的诚意。

封闭式问句会强迫客户表达自己的立场，因此，在使用过程中要尽量问一些客户会回答“是”的问题，可以从一些简单的、容易做决策的小问题开始，一个一个问下去，最后询问关键的决策性问题。

三、否定回答的问句

这种问句是由前面两种问句结合而成的，是一种需要客户“否定回答”的问句，客户表示否定，则表示对你的楼盘的功能有需求。例如，你卖的是小区式楼盘，你问客户：“您对目前的街道式住宅的安全性感到满意吗?”如果客户不满意，则表明他对小区式楼盘有需求。又如，你问客户：“如果您的小孩入读我们楼盘配套的小学，您还担心其他教育方面的问题吗?”如果客户表示不担心，那表明他对你的楼盘有需求。

专业的售楼人员必须具备问问题的能力，在探寻需求、看楼的过程中多用开放式问句，在成交阶段多用封闭式问句来收敛。开放式问句中可多用“感觉”“认为”“依你所见”等有魅力的词语。

第 35 章　你是否注意到女性在买楼中的特殊需求

《木兰诗》讲的是巾帼英雄花木兰替父从军的故事，这个故事有力地说明中国女子自古以来就不让须眉，诗中“雄兔脚扑朔，雌兔眼迷离，双兔傍地走，安能辨我是雄雌”，更是有力地回击了“男女有别”的偏见。当今社会讲求男女平等，男女受教育的程度基本相同，男女的能力也没有太大差别，在许多领域，女性更是表现出了男性不具备的优势。

在现实生活中，由于身体特点以及社会角色等差异，男女在对事物的认知及对事物的反应上还是存在一定差别的。例如，“一伙男人在狂呼，准是在看足球；一群女人擦眼泪，准是在看电视剧”，这种说法表明男女在喜好及情感宣泄方面存在很大差异，女人普遍不爱足球，足球也不会让她们产生热情，而电视剧中的情节时常触动她们，甚至让她们为此流泪。正确认识这种“男女有别”，对于一个售楼人员探寻客户购楼需求、看楼、谈价、成交以及售后服务等都有很大帮助（见表 35-1）。

表 35-1　男女对事物认识及反应上的差异

男	女
重视方位	重视色彩
注重结构	注重功能
喜欢结果	喜欢过程

续表

男	女
重视逻辑	重视直觉
喜欢直接表达	喜欢正话反说
喜欢谈论他的事业、地位	喜欢谈论她的先生、小孩
喜欢对他能力的肯定	喜欢对她外貌、衣着的赞美

注：表中所列差异指普遍存在的差异，一些特殊差异除外。

售楼人员在与客户沟通时一定要注意这种“男女有别”，例如，你是一位男士，千万不要赞美客户的妻子漂亮，否则他会吃醋；相反，你是一位女士，你称赞客户的先生非常能干，客户会非常开心，因为她喜欢谈论自己的先生及小孩，这就是“男女有别”。又如，在介绍房屋朝向时，如果客户是男的，你只需介绍朝向带来的结果就行，即有什么好处；相反，如果客户是女的，你可以多用些形容词，多描述朝向带来的景观等，这样更容易打动客户。

无论是探寻客户购楼需求，还是在楼盘推介，或是带看楼、谈价，乃至谈判、成交、售后服务的过程中，你都必须注意“男女有别”，充分运用这个原则，针对不同性别的客户采取不同的策略，会让你的售楼事业更上一层楼。就需求来讲，一般男性与女性的需求点有所不同。

（1）男性的需求点

①单价合理，总价能支付得起。

②是否有装修，装修标准如何；如果没有装修，则会考虑装修费用。

③维修基金，物业管理费，水、电、煤气（北方还会考虑暖气）、电视、网络等相关费用。

④佣金、按揭、保险费、代办手续费以及相关税费等购房相关费用。

⑤每月供款是否过重等。

⑥实用率高低、间隔是否实用等。

⑦发展商实力、能否按时取得房产证等。

⑧喜欢实地看楼。

⑨关注朝向。

⑩关注建筑质量。

⑪喜欢气派，追求档次。

（2）女性的需求点

①关注小区环境。

②厨房是否够大，卫生间通风情况，阳台是否方便晒衣服、被子等具体情况。

③医院、市场、学校等周边配套情况。

④对景观的关注度超过男性。

⑤房屋的外观及室内色彩。

⑥随楼附送的物品。

⑦售楼人员对房屋本身及周边环境的描述。

⑧楼盘的管理及安全措施。

⑨喜欢温馨的室内装修。

⑩熟人对楼盘的评价。

看楼篇

在带看中化腐朽为神奇，为成交创造机会；在带看中有效解除抗拒，轻松引爆顾客购楼情绪；在带看中巧妙介绍房屋优缺点，让顾客为房子疯狂。强效把控好看楼“前中后”，让顾客不断体验，陶醉在看楼途中。

第 36 章　让风水先生帮你卖楼的热处理

售楼人员："宋先生，刚刚看的这套房子感觉怎么样?"

客户："还行吧，就是稍微贵了点，便宜一点行不行?"

售楼人员："宋先生，这套房子真的很经济，我没有乱开价，这样吧，您看少多少合适，我跟业主谈一下。"

客户："少 50000 元吧?"

售楼人员："我跟您说的 245 万元可是业主的底价啊，这样吧，我跟业主商量一下，看他能不能让步。不过，宋先生能否先下点诚意金?如果谈不到 240 万元，就全部退给您。"（其实业主底价就是 240 万元，已到价，可成交）

客户："诚意金倒是没问题，这样吧，我明天带个风水先生过来看一下，如果风水没问题，我立即下定。"

第二天。

客户："李小姐，我给你介绍一下，这位就是我昨天跟你提起的大师江先生，我们一起上去再看看那套房子吧。"

售楼人员："江先生，您好！早听宋先生提起您的大名，久仰久仰，这是我的名片，请多多指教。"

风水先生："哪里哪里。"一脸高兴的样子。

于是，三人一起上了楼，来到宋先生想买的那套房子里。风水大师江先生拿出包中的罗盘，开始东量量、西测测，这里比画一下，那里比画一下，摆出一副很神秘的样子。忽然，江先生的脸沉了下来，不吭声了，拉着宋先生走到另外一边，低声不知说了些什么。待宋先生走过来时，脸上的高兴样没了，脸色也沉了下来，不吭声，只见他的手按紧了装着 10000 元定金的口袋。看到这些，李小姐明白要发生什么了，于是，她的心也沉了下来，一宗十分有把握的房屋买卖就此不了了之。

你是否也遇到过这样的情况呢？上述案例中的李小姐到底有没有做错什么呢？

相信不少人都会遇到类似的情况，毕竟现实生活中还是有不少人关注自己住宅的“风水”。提及风水，可能有人会将其与“算命”及“相术”相提并论，视为迷信，其实，风水科学的一面已经逐渐得到人们的认可，2004 年 9 月 9 日在人民大会堂举办的“首届中国建筑风水文化与健康地产发展国际论坛”就充分说明了这一点。此外，2004 年 4 月国家住宅与居住环境工程中心发布了《健康住宅建设技术要点》，其中明确指出：“住宅风水作为一种文化遗产，对人们的意识和行为有深远的影响。它既含有科学的成分，又含有迷信的成分。用辩证的观点来看待风水理论，正确理解住宅风水与现代居住理念的一致与矛盾，有利于吸取其精华，摒弃其糟粕，强调人与自然的和谐统一，关注居住与自然及环境的整体关系，丰富健康住宅的生态、文化和心理内涵。”这是国家住宅与居住环境工程中心为风水定的性，也是官方首次明确风水有科学意义。

作为一个专业的售楼人员，在售楼过程中首先要认同客户的风水观，同时要灵活处理因风水导致的客户抗拒。从上面的例子来看，宋先生对房屋比较喜欢，价格也符合其心理价位，而且他肯带定金来，说明购买能力上也完全没有问题。既有需求，又有购买能力，为什么最后不买呢？恰恰是风水问题成了他购买的抗拒点，只要能解除这个抗拒点，他的购买就可以实现。那如何解除他的抗拒点呢？李小姐到底该如何去应对这种有风水先生加入的局面呢？

虽然风水有科学的一面，但也有不少人“神话”了风水，将居住环境与身体健康、工作晋升、财富走势等联系起来，这些都还没有被科学证实。因此，从这个层面上来讲，对于一个不懂风水的人来说，风水是一种“信则有，不信则无”的东西。在风水大师的眼里，“再坏的风水也是有得治的”，所以，要解除客户的风水抗拒点，不是要解除风水本身，而是要解除风水好坏的根源，也就是让风水先生说好话，从而影响客户的购买决策。如果一个售楼人员想从风水本身解除客户抗拒点，那将走入误区，毕竟，售楼代表只是专业的售楼人员，不是专业的风水大师。

如果李小姐改用这样的话来应对，会出现什么结果呢？

客户：“李小姐，我给你介绍一下，这位就是我昨天跟你提起的大师江先生，我们一起上去再看看那套房子吧。”

售楼人员：“江先生，您好！早听宋先生提起您的大名，久仰久仰，要是早认识您就好了，上个月我有两个客户想买楼，可他们找不到看风水的大师，说一定要看过风水后才能决定是不是买，不知以后要是还有客户想看风水，能不能打电话给您，请您帮忙？这是我的名片，能跟您交换一下吗？”

风水先生：“没问题，这是我的名片。”

这样说有什么好处呢？做事情很重要的一个原则是“攻心为上”，风水大师也是个生意人，如果有生意介绍给他，他能背着你说坏话吗？那不等于断了自己的财路吗？即使风水真的有什么问题，他也会说“不过，这种情况很好处理，只要……就行了”。这样，你也就可以转危为安了。

切记：热处理！攻心为上！

第 37 章　突发事件中，通过应变反败为胜的三大法则

古时候，有个秀才上街去买柴，见一卖柴者就招手叫喊："负薪者过来。"卖柴的人虽然听不懂，但看他招手，知道是叫自己，于是就走过去了。秀才问道："其价几何？"卖柴者也听不懂，但听到一个"价"字，就报了价。秀才又说："外湿内虚，烟多焰少，请损之。"秀才话刚说完，卖柴者听不懂，担着柴就走了。

看完这个故事，你可能会觉得这个秀才太迂腐，但在卖楼过程中会有不少人犯类似的错误。我看到不少售楼人员在卖楼过程中大谈特谈容积率、建筑密度等专业术语，甚至把它们当成口头禅，对客户来说，真正懂得这些专业术语的并不多，哪怕是售楼人员，在进入房地产行业之前，大多也只是对这些专业术语耳熟罢了。

容积率、建筑密度的高低有什么不同？对客户购楼能够产生什么影响？这些是客户最关心的。几个数字摆在那里，对一个普通的购楼者来说没有任何意义。一些二次或二次以上置业的客户可能知道一些房地产专业术语的意思，但也只是可能而已。在售楼过程中，要针对不同的人讲不同的话，否则会出现鸡同鸭讲的现象，结果往往是鸡飞狗跳。因此，在讲完专业术语后还需要解释一下，讲清楚它给购楼者带来的好处。当然，面对不同的人群，要选择不同的表达方式。

应变能力的第一个表现是要有针对性地选择语言表达方式，同时，要求我们有处乱不惊、急中生智的能力，把突发事件有效地化解，并促进销售。

你或许有这样的经验：跟朋友一起吃饭时，突然有人不小心把酒杯或茶杯碰倒了，溅了一桌子，这时可能会有人大声说："发财！发财！"因为人们习惯把水（液体）视为财，这一声"发财"会有效地打破这种尴尬的局面。其实，这种手法同样可以运用到售楼工作中。

有一次，我在售楼部帮助一对夫妻算楼价，女主人比较喜欢这套房子，对价格计算听得很入神，一不小心把水杯弄倒了，不但把桌子溅湿了，而且水溅到了她的衣服上，我赶紧拿来纸巾递给她，笑着说："看来这套房子与你有缘，入住后一定要发财！"先生接着就问道："为什么这么说？"我说："水为财啊。"先生一听就乐了，指着售楼部外面的人工湖笑着说："看来等一下出去之后我得跳下去，这样岂不是要发一大笔横财了！"我也笑着说："那样是故意的，不算，您太太刚才不是故意的，那才能算是财。"这位太太瞅了先生一眼，也大笑起来。一个本是非常尴尬的局面立即变得非常融洽，于是，接下来收取认购诚意金的工作变得异常顺利。

还有一次，一位客户准备离开时，突然下起雨，这位客户不太喜欢下雨，看见下雨脸色都变了。我笑着对她说："贵人招风雨，看来这个楼盘对您很有感情啊，都不舍得您走。"一下子就把客户给逗乐了。于是，我把她重新引到洽谈桌前，愉快地跟她交流购楼事宜。这位客户第二天就来交认购诚意金了。

专业的售楼人员如何提高自己的应变能力呢？应变能力属于思考型人士的特长，是可以通过锻炼获得的。一个专业的售楼代表要提高自己的应变能力，必须经常收集客户的各种反应，并思考如何应对，通常可以从以下几方面入手：

一、寻找事物的矛盾辩证统一

这句话听起来哲学味很浓，的确如此。世间万物皆是矛盾的辩证统一，这是马克思主义哲学重要的观点之一。凡事皆有两面性，你从正面看，就会认为这件事是好的，有利于你；相反，从负面去看，则会认为这件事不好，不利于你。

有一次，我接待一对前来看楼的夫妇，我告诉他们目前这个楼盘的均价是 28000 元/平方米，那位太太本能地大叫起来："什么？28000？怎么会涨这么快啊？前一段时间不是才 25000 吗？"我知道她说得不假，只是这段时间我们对价格做了调整，我也理解她不愿意接受这个事实，毕竟涨价对她来说不是件好事。但我马上想到事物的两面性，涨价或许对她有好处。于是，我笑着对她说："是啊！以前是 25000 元/平方米，不过，我们这个楼盘一直都在升值，现在涨到了 28000 元/平方米，难道您不希望购买一个会升值的房子吗？"对方这下不吭声了，我接着分析目前的房地产形势，以及这个楼盘的走势，并告诉她："这个楼盘价格走势一直非常稳健，还有很大的升值空间。"听完我这番话，对方紧锁的眉头舒展开了，还愉快地交了定金。

二、练就你的逻辑推理能力

很多时候，正面去回答客户，只要把话说一半，留一半给客户自己去想象，效果会更好。

有一次，我接待了一位老太太，她之前在其他中介看过楼，并且对其中一套房子特别满意，就是担心对方公司不诚信，会有欺诈行为。于是，她来到我们公司向我询问那家公司。通常在这种情况下，不少售楼人员会恶意攻击竞争对手，我认为这种做法不可取，因为你讲的东西未必是真的，客户的眼睛是雪亮的，很快就会发现你不可信，并且远离你。于是，我就对她说："那家公司以前不错啊，挺好的。但是，听说那里的人已经换了一批，您看坐里面那两位小伙子就是从那家公司过来的。”剩下的事情就要老太太自己去推理想象了。这句话有两点很重要：一是这家公司只是以前不错，但不错的人已经走了；二是我们公司不错，不错的人来了我们公司。这样回答的结果，一是没有贬低竞争对手；二是抬高自己，让客户对我们公司保持信心。

提升逻辑推理能力，一方面，可以看些哲学方面的书，这对提高你的逻辑推理能力是非常有帮助的；另一方面，可以参加一些高质量的销售方面的培训，一些课程中有很多设计得非常好的销售对话，逻辑性特别强。你在学习过程中的任务是要学会举一反三，勤于思考，结合售楼工作中经常遇到的情况设计好你的应对话术，并多加练习。

三、留心观察，注意细节

“处处留心皆生意”讲的就是这个道理。在售楼工作中，要特别留意客户的细微反应，要能听出客户话里的机会。比如，你听客户说“又涨价了”，你的第一反应应该是这个客户不是第一次来看楼，而且肯定是对这个楼盘有意思，不然不会有这么大的反应。由此可以看出，应变能力还包括观察力。

第 38 章　如何用直觉精准解读客户，提高成交率

人的嘴巴是会说谎的，但人的身体却很难说谎（除非经过特殊训练），因此，在售楼过程中，你必须用眼睛来“听”，耳朵听到的事有时不能尽信，但眼见为实，用眼睛来“倾听”客户心声，往往会得到意想不到的信息，毕竟人的身体语言通常是不会说谎的。例如，当我们听到尖锐的声音时，通常会捂住耳朵，表示想逃避这种声音；一般女性看到恐怖、恶心或血腥场面时，通常会捂住眼睛或将目光转移；当人们突然意识到自己讲错话或传递出错误信息时，则会抿嘴或捂住嘴。

作为专业的售楼人员，更要学会解读客户在看楼过程中的各种肢体语言，也就是说要具备察言观色的本领。当你正确“倾听”客户的肢体语言时，会获得更多的成交机会。

一般的购楼者都是非专业购买者，其肢体语言是不加掩饰的，可以直接解读。例如，在你介绍一套房子时，客户嘴上说“这太贵了”“离上班的地方太远了”“景观不太好”“离市区太远了”“不喜欢这套”时，却不时地看附近漂亮的景色或仔细观察厨具、洁具等，甚至在看是什么品牌，或垂涎随楼附送的物品，并询问这些是否写进合同。购楼者走回来再多看任何事物一眼，你都可以确信他已经喜欢上这套房子了，这时，你就有机会成功地向他推销这套房子。

有的客户在说“不”时，会在结尾加上一句“但是……”这也表

明在他心中可能已经认可这套房子了。这时，你要特别注意观察客户的肢体语言，如果他说“太贵了，但整体还不错”时，表情较轻松，你可以确信他已经决定购买，可以大胆发出成交请求。

当然，对于一个经过特殊训练的人来说，有时肢体语言未必准确，但大多数情况下，普通购买者的肢体语言都不会说谎。常见的肢体语言有以下一些（见表 38-1）：

表 38-1　常见的肢体语言及其含义

肢体语言	含　义
双手抱于胸前	抗拒、封闭、防卫
手掌展开	开放、诚实，愿意提供帮助
搓手	预计某事对自己有益
身体前倾	感兴趣
避开目光	对别的事物感兴趣，或是在逃避什么
摩挲脖子	灰心丧气，或是疲劳
捂嘴	不确定，或是欺骗
抬眉	怀疑
点头	同意、专心
摇头	不同意
微笑	好的感觉、开放
手中拿东西玩儿	不安、紧张
摸下巴	感兴趣，或是同意
抓头发、搔头	很难做决定，紧张、不安
锁眉	思考，或是不同意、不赞同
跷二郎腿	放松、轻松，个别情况下是紧张，如坐飞机跷脚
双手紧端水杯	非常用心地倾听（多见于女性）
频频看时间	还有事情，或是不感兴趣
整个身体躺在沙发中	表示同意，或是非常放松

第39章　练就判断买楼真假异议的火眼金睛

全美公认的销售天王金克拉在他刚从事销售工作时遇到过这样一件事情：

有一次，他去拜访一家农宅，向主人展示他推销的厨具。他回忆说："我永远忘不了当时大家回到厨房参加展示的那一幕。"当他展示完毕之后，男主人突然表示："金克拉先生，你的介绍虽然一点也不差，而且你的产品的确很好，但我们还是不为所动。你看看我们家连一间浴室都没有，我们结婚20年了，我过去还不是每年都信誓旦旦地向太太保证：'别担心，明年我们就盖一间来用。'但年复一年，我们还是没有浴室，原因很简单，不是今年农作物歉收，就是小孩子病倒，或者需要添置农用机具，总是找不到闲钱可用。"主人稍微停顿一下接着说："今年我们终于凑足了这笔钱，能有一间梦寐以求的浴室了。"他一边说一边拍着腰包："在浴室没有盖好之前，谁都休想抢走我口袋里的一分钱。"听到主人的坎坷人生，金克拉不禁为之动容，也非常同情他，心想："这人太可怜了，与其死缠烂打，不如另觅良机。"于是，他礼貌地结束了推销工作。

两天后，金克拉在镇上巧遇主人的妹妹，当时，他的妹妹也在现场参观厨房用具。妹妹对金克拉说："你知道那天在你离开后，我哥哥有多生气吗？"金克拉不解地问道："为什么？"妹妹回答："原因很简单，当天我哥哥其实很想买你推销的那组厨具，但你连机会都没给他，他再也不会相信你了。”

仔细分析上述案例就可以看到，主人说“今年我们终于凑足了这笔钱，能有一间梦寐以求的浴室了”，这并不是一个真的拒绝信号，无非是在表明自己有能力购买，但希望对方能够在价格上让步，希望通过自己的处境打动销售员，逼他让步而已；主人一边说一边拍着腰包的肢体语言说明，他为自己能够支撑起这个家感到自豪，他愿意为这个家付出最大的努力，当然也愿意通过购买这组厨具来改善家里的生活。初入销售行业的金克拉没有捕捉到这一切，没有坚持，从而错失了推销机会。

其实，在我们推销房屋的过程中，不少客户也是这样的，他们往往口是心非，几乎没有人会说“是的，这正是我想要的房子”，或者说“这个价钱很合理，我买得起”，再或者说“这里的房子快要升值了，看来我得赶快购买”等。相反，他们在购买前总会找一些借口，要不说房子有缺陷，要不就说房子太贵，或者干脆说自己经济状况不太好，很难买得起，以此来迷惑售楼人员。

因此，在接触客户的过程中，你一定要读懂客户的心，只要你勇于推介楼盘，机会永远存在。如果你故步自封，滥用感情，那么，要想把房子推销出去恐怕就没有那么容易了。

当然，在售楼过程中也不能一个劲儿地猛推销，因为客户很有可能会拒绝你，你要判断这种拒绝是否是真的异议，有些可能是想借此来压价或争取主动，如果是这样，你可以忽视或改变话术，重新夺回主动权；如果是真的异议，你必须搞清楚原因。

有时候，客户非常不愿意表达一些异议，例如，很少有客户会承认自己买不起这套房子，因为承认自己没有足够的钱不仅会令自己尴尬，而且会刺伤自尊心。当客户遇到这种情况时，通常会找这样一些借口：“我单位同事也有一套差不多的房子想卖，我先考虑一下再定吧”，或者是“我有个朋友在某某楼盘（某某房地产中介公司）销售房子，我得先问问他”等。遇到这种情况，你可以试探性地推介一套更为便宜的房子，征询他的意见，千万不可在一棵树上吊死，死抓住一套房子不放。

如果客户总是说太贵，并急于表达自己经济能力不太好，家里这一阵子比较紧张，迟迟不做决定，这些通常都不是真正的异议，他其实很想拥有这套房子，只是想在价格上获得较大的让步。遇到这种情况，你可以试探性地询问：“假如您的经济状况好转，您认为这套房子值多少钱呢？”或者说：“以您的眼光，您认为这套房子卖多少钱合适？”这时不需要解除客户的异议，而是要揣摩客户心中的底价，并做试探性成交动作。

此外，客户还可能表达出一些假的异议，如对你的公司（楼盘）不了解，但又不想冒犯你时，他们不会直接说你不可信，他们会说回去考虑考虑。这时，你需要用已设计好的话术多问些问题，搞清楚他们担心什么，害怕什么。

辨别真假异议的最好方法就是当你提供肯定的答案后，留心观察客户的各种反应。一般来说，如果客户对你的肯定回答无动于衷，那肯定是假的异议，还有其他原因让他担心或害怕。这时，你可以继续问些问题，也可以大胆地说：“先生，我想请您帮个忙。”这时，大多数人会说“好吧，你说说看”或“我能帮你什么？”你可以接着问：“您能否告诉我，到底是什么原因让您觉得要考虑考虑呢？”他们可能会说：“嗯，说实话……”这时，你一定要仔细听听客户的真实异议。

在辨别客户真假异议时，一定要注意交谈气氛的把握，切不可咄咄逼人，让客户陷入窘境。我们要遵循的一条重要原则是，卖楼不是打胜仗或吃败仗，切不可与客户争得面红耳赤。我见过一个售楼人员接待客户时，客户说：“我不买楼，只是随便看看。”售楼人员就低声跟旁边的同事说：“吃饱了撑的没事干，不买楼上这来瞎转悠什么？”这句话让客户听到了，客户一下子被激怒了，与这位售楼人员争执起来。所以，不管客户是否买楼，都要尊重他们，维持良好的销售氛围。

第 40 章　楼盘成交从拒绝开始，如何化拒绝为成交

任何人做事情都不可能总是一帆风顺，也不可能百分之百成功，就连篮球之神——迈克尔·乔丹整个职业生涯的投篮命中率也不到 50%，风靡世界的畅销书《飘》的作者第一次投稿也被编辑退稿。售楼工作就更不用说了，肯定会遭遇客户的拒绝。不过，正因为有拒绝，才有售楼人员存在的价值。试想一下，如果客户没有拒绝，买楼就像买电影票那样，哪里还需要我们这些售楼人员呢？

当然，这并不意味着我喜欢被拒绝和异议团团包围，天天疲于应付拒绝可不是件好事。我和你们一样，也不希望遇上这种事。在售楼工作中，存在着大量的拒绝，在一次成功的推销之前平均要遇到五次拒绝，而在我的售楼工作中，90% 以上的房屋成功售出前遇到过至少一次拒绝，很少有一经推介，就立即成交的。如果一遇到拒绝就放弃的话，可能我好几年前就退出房地产行业了，今天你也不可能读到这本书了。

在大多数情况下，拒绝表示客户有兴趣；相反，在很多情况下，如果没有拒绝，则表示没有兴趣。如果客户对你介绍的楼盘无动于衷，含糊其词，对你的问题毫无反应，忽视你的楼书及楼价计算表，那么你的麻烦可就大了。那么，在售楼过程中应该如何正确看待拒绝呢？

如果在宁静的池塘里钓鱼，渔线的另一端传来轻微的拉力，你会立即兴奋起来，因为这表明鱼儿已经上钩。同样的道理，当客户对你

的楼盘介绍产生异议时，你也应该暗自庆幸，因为终于引起客户的注意了，他可能已经对你推介的房屋产生了兴趣。不管他的异议有多强烈，你都要保持耐心，不要恐惧，不要被轻易击倒。你应该感到高兴，因为终于有机会把售楼工作往前推进一步了。这时，只要你抓住机会，清楚客户的真正异议，并采取方法解除它，楼盘销售工作就可以顺利推进。

一般在售楼过程中有以下四种原因会造成客户拒绝。

一、不关心

最理想的楼盘介绍是在介绍过程中或结束后，客户会不停地提出一些问题，这表明客户在认真听你介绍，对楼盘有一定的兴趣。如果客户听完之后没有反应，则说明他们要么没有兴趣，要么根本没听。所以，如果客户提出问题，售楼人员应该高兴，并通过回答问题吸引客户的关注；如果客户没有任何问题，反而会令楼盘介绍陷入僵局，介绍效果也会很差。

客户为什么对你介绍的楼盘不关心呢？通常有如下一些原因：

◇他们已经购买了你的竞争楼盘或决定购买竞争楼盘；

◇他们目前有房子住，并且对目前的居住状况满意；

◇他们看的楼盘非常少，对楼盘及楼市还没有任何概念，不表态；

◇他们准备看下一个竞争楼盘，对你的楼盘及竞争楼盘均没概念；

◇他们根本不需要这样的楼盘；

◇他们没有购买这个楼盘的能力，或者根本没有决策权；

◇他们太忙。

如何处理客户的“不关心”呢？关键是要通过细心观察与有效沟通确认其“不关心”的真正原因，并回到相应的销售阶段，如回到需求鉴定阶段，重新探寻客户的可能需求或客户自己没有意识到的需求，并对相应的利益及好处进行陈述。

二、误解

这种拒绝及异议源于客户对楼盘、服务的不正确理解或者对公司的不正确、不合理的推测，也有可能是售楼人员在介绍中有遗漏或错误。处理这种拒绝及异议相对容易，主要通过询问等方法找到让客户产生误解的原因，然后，以轻松的方式认同客户的误解，并加以解释。切记：这种情况下的拒绝及异议处理一定要建立在和谐沟通的基础上，即使客户对误解的产生有过错，也不能去批评或纠正他的错误，这样会让他没面子，如果把责任往自己身上推，就能以轻松的方式一带而过。

此外，即使误解消除，客户心理上仍会有阴影，必须重新阐述楼盘的利益及好处，使他的情绪稳定下来，慢慢接受你及你推销的房屋。

三、怀疑

怀疑其实是一次很好的推销机会，因为只有在客户很关注你的楼盘时才会产生怀疑，说明我们在介绍楼盘的过程中没有完全说服客户，还需要大量的证明材料。

处理这类拒绝及异议通常要先确认客户的疑虑是什么，到底是对楼盘不了解还是很了解？对销售人员是信任还是不信任？售楼代表在介绍过程中提供的楼盘资料充分还是不充分？

确认客户的疑虑后，则要提供相应的证明材料。例如，客户怀疑产权问题，如果是预售楼盘可以提供预售许可证以及房管部门的查询电话，顾客仍有疑问的话，可到相关部门查证；如果是二手楼，可以提供房产证复印件以及房管部门查册的地点及电话等。此外，也可以依据客户的需要提供证明材料，提供不了的可解释原因。

四、楼盘的真实缺陷

真实缺陷是指楼盘、服务不能满足客户需求的地方。任何楼盘都不可能十全十美，遇到这种情况，我们必须面对现实，从全盘角度向客户解释，你可以这样说：“如果我们的楼盘的某个缺陷您非常介意，无法避免，那我就不勉强您了；如果这个缺陷不足以抵消其他因素对您的吸引的话，那么为什么不做全局考虑呢?”

在客户心中其实是存在一个天平的：一边是产品的特性和益处，一边是产品的缺陷。客户决定购买一套房屋，肯定是特性和益处远远大于缺陷，如果缺陷远远大于特性和益处，客户肯定会选择拒绝。

处理拒绝及异议固然非常重要，但“处理”往往是亡羊补牢，最好的办法是预防拒绝及异议的发生。在销售的各个环节，如果你确定了客户最关心的事项，那事先就要将解决这类问题的方案设计在你的楼盘介绍过程中。有效预防拒绝及异议的发生，可以做如下准备：

（1）列出可能发生的拒绝及异议；

（2）为每一种拒绝及异议准备几种解决方案；

（3）准备相应的售楼工具；

（4）用角色扮演来回答、修改；

（5）不断地修改、完善；

（6）可在客户身上试用，观察他们的反应，并检讨、修改、完善；

（7）打印出来，分发到每个售楼人员手中，要求其练习、熟记；

（8）定期讨论修改，不断完善。

第 41 章 不同性格采用不同沟通方法

销售界有这样一句话：“销售是 98%的人性加 2%的产品。”这 98%的人性和销售人员、客户两方都有关系，个性特质对销售能力的影响不言而喻。

我们常说要知己知彼，但每个人心中所想都不相同。同样的一句话，出自不同人之口，意思就不同；同样的一句话，被不同人听到，也会有不同的解读。很多人都习惯以自己的想法来揣测别人的想法，以为自己要的就是别人要的，以自己的标准来评判别人的作为。专业售楼人员的一言一行必须从客户的角度出发，即只有以客户的思维模式及行为标准进行销售，才能产生最佳的沟通效果。不同性格的人思考方式和行为也不同，要想正确掌握客户的购买模式，必须先判断客户的性格。

人类对性格的研究已有很长的历史，在古巴比伦时期，就出现了对人进行分类的方法，并逐渐发展成最早的个性研究之一。当今社会有许多关于性格研究的理论，如 MBTI（Myers Briggs Type Indicator）理论、弗洛姆理论、九型人格、传统四分法等。

就客户分析来说，用得比较多的是九型人格和传统四分法。九型人格是把人分成九种类型，即完美型、助人为乐型、成就型、自我型、思想型、疑问型、活泼型、领袖型、和平型；传统四分法是根据对外向性格、内向性格、关系导向及工作导向四方面的关注程度把人分成四类。

细分程度越高，针对性越强，但随着细分程度的提高，要完全掌握的难度也会增大。我看到过有人写的“21 种最受欢迎的性格”，但现在一种也记不清了，种类太多，往往令人无法真正掌握。专业的售楼人员掌握传统四分法就足够了，关键是一定要悟透。

传统四分法所讲的四种人格形态如下：

一、好好先生

1. 性格

这类人很在意别人对自己的看法，以及自己能否与群体和睦相处，他们通常是慢吞吞的，比较安静，但经常举棋不定，易受别人影响。这类人时间观念不强，做事小心谨慎，前思后想，倾向于大众化，所以不能催促他们做购买决策。他们喜欢配合家人，追求亲密、熟稔的关系，会尽量避免高风险。

2. 职业

这类人多在人力资源、咨询服务等领域工作，或多从事教师、公务员、护理、助理等工作，也有人在社会团体工作。

3. 特征

这类人会非常在意别人是否推荐了你的楼盘及提供的服务；会经常提起别人对你的楼盘或公司的看法；如果是二手楼业主，其房屋会放置盆景、家庭照片、糖果等，或者悬挂一些人生格言；喜欢穿暖色调且舒适的衣服。

4. 沟通方法

对这类人进行楼盘介绍时不需要过多的图表及数据，关键是要取得他们的信任；这类人喜欢握手，以及身体公共区域的接触；与他们沟通要记住和蔼、包容、舒适、友好、温和、信任、参与及合作等词语，要取得他们的信任，让他们感觉良好；在楼盘介绍过程中，可以与他们保持较近的距离，甚至抱抱他们的孩子。

二、交际人员

1. 性格

这类人性格外向，以维护关系为导向，经常滔滔不绝，喜欢夸大其词；爱表现，喜欢谈论自己及对方；思维活跃，富有创造力，常常做出情绪化、无逻辑的回答；开朗、直率、爱走动，有高度的成就感。

2. 职业

这类人多从事销售、公共关系、辩论、演艺、创意等方面的工作。

3. 特征

这类人喜欢谈论自己的成就、获奖事项以及一切以己为荣的事，看楼过程中爱表现出自己在房地产方面的专业性；如果是二手楼业主，其房屋通常摆设较凌乱，书房可能会挂些表达情感的画或奖杯、奖品等。

4. 沟通方法

这类人喜欢说话，所以尽量让他们表达，谈话中不要过多地用数字或详细的论据去烦扰他们；他们喜欢有趣的东西，你要尽量表达得幽默；他们很注重感受，你要尽量赞美他们，让他们在购楼过程中兴奋起来；在楼盘介绍过程中，尽量让他们参与，发挥想象，憧憬未来；可适当地运用接触式卖楼的方法来引导他们，增强他们对你的信赖感。此外，要抓紧时间，催促他们尽快决策。

三、分析人员

1. 性格

这类人严谨、保守，注意细节，非常关心分析过程，但也关注结果，关注你的楼盘给他们带来的利益及好处；逻辑思维能力强，考虑事情非常周全；矜持、优柔寡断，一般较沉默，不爱说话，避免冒险，喜欢分析，讨厌别人犯错。

2. 职业

这类人多在财会、法律、质量管理、工程、计算机编程、建筑、系统分析、医疗以及其他一些技术要求较高的领域工作。

3. 特征

这类人会经常问你的楼盘都有谁买，邻居是什么样的人；他们衣着保守，话不多，善于提问；如果是二手楼业主，家里摆设整齐，干净卫生，一般客厅不会摆放家庭照或泄露个人情感的东西。

4. 沟通方法

这类人做决策的时间较长，不能催促太急；楼盘介绍时要注意逻辑，详细介绍，并适当地加以引证，或提供一些证明材料，可使用数据、图表等；跟这类人接触只限于握手，尽量避免与他们有身体上的接触；可适当地向对方提出问题，但不能太多，他们喜欢听你说话。

四、指挥人员

1. 性格

这类人有极强的控制欲，一进电梯就站在按钮旁边；他们只关注结果，不注重过程和细节；冷静、客观、自制，易于表露个人的期望，冒险、好竞争、目的性强、时间感强，通常会做好准备，主动积极，不喜欢聆听，没耐心，有时固执己见。

2. 职业

这类人多是创业家、企业主、销售经理或是其他职位较高的人。

3. 特征

这类人说话干脆，直奔主题，衣着及饰品较显眼，引人注目，步伐较快；如果是二手楼业主，家里摆放整齐，通常看不到糖果罐等物品，书房的书柜上会摆放奖品、荣誉奖章等。

4. 沟通方法

介绍楼盘时要尽快切入主题，语言精练，多介绍楼盘的利益及好处；尽量避免谈私人话题，千万不要聊一些无关紧要的家常，如“平时有些什么活动”“周末怎么过”等；加快服务速度，抓紧时间催促其尽快决策。

第42章　让客户喜欢你的FROM模式

在你的售楼经历中，是否遇到过这样的情况呢？在接触购楼客户的过程中，除了向客户介绍楼盘，不知说什么好，跟客户找不到共同话题，总是沉默相对，或者客户对你的话题毫无兴趣。

我们与客户接触的时间通常是有限的，在有限的时间里，除了要给客户留下好的第一印象，还必须察言观色，抓住客户心理，闪电般地引起共鸣。要想引起客户共鸣，必须抓住他们感兴趣的话题，因为人总是对那些和自己兴趣相同、价值观一致的人产生好感。但客户的职业、爱好、年龄、价值观、性格等千差万别，要找出客户感兴趣的话题，谈论的问题就不能求“深”，而必须求“广”。

到底哪些方面的话题容易引起客户的兴趣呢？研究表明，人类的本性是关注自己的利益，如果你多谈客户的家人、工作、消遣以及其他他们关心的事情，他们马上会尊重你；相反，如果你太多地谈论自己的事情，而不是他们的事情，就会让他们有一种不被尊重的感觉，对你的尊重感也会削弱。

因此，有效的客户沟通模式是多问问题，让他们回答，在回答中谈论自己。有效问问题的内容可用FROM模式来概括。

（1）F—family（家庭），即多问一些关于客户家庭的问题。

例如：先生/小姐，您结婚没有？您的孩子多大了？

先生/小姐，您儿子/女儿在哪所学校上学？学习成绩不错吧？

先生/小姐，上次听您说母亲得了关节炎，最近好点了没有？

（2）R—recreation（娱乐），即多问一些与客户的娱乐活动有关的问题。

例如：先生/小姐，休息日都有一些什么活动？

先生/小姐，听说您乒乓球打得非常好？

先生/小姐，国庆假期去哪儿旅游了？

先生/小姐，上个星期去泰国玩得挺好吧？

（3）O—occupation（职业），即多问一些与客户的职业或工作有关的问题。

例如：先生/小姐，您是做哪一行的？

先生/小姐，听说这一行对人的要求可高了，您当时是怎样选择的？

先生/小姐，您近来工作忙不忙？

先生/小姐，真佩服您，这么年轻有为，能传授点绝招给我吗？

（4）M—money（金钱），即多问一些与客户财务有关的问题。

例如：先生/小姐，我真羡慕做你们这行的，待遇这么高。

先生/小姐，您这么喜欢旅游，如果钱不是问题，最想去的地方是哪里？

先生/小姐，您小孩上哪个小学？花费不少吧？

先生/小姐，听说您喜欢投资股票，最近有哪些股票可以推荐一下？

当你与客户相处时，觉得没有话题可谈，就可以利用这个 FROM 模式来发问，让客户谈论他们关心或感兴趣的话题。但是在与客户的沟通过程中，必须注意如下一些问题：

①售楼人员不要当老师，不要试图告诉客户如何做是正确的或什么是正确的事情，要当一个滔滔不绝的侃爷，谈论客户关心及感兴趣的事情。

②微笑能拉近你与客户的距离。

③养成握手的习惯，并经常使用它。在与客户握手的过程中，记住掌心向上，不要捏痛别人，但要确保你的握手是有力的、自信的。

④保持善意的目光接触。

⑤学会倾听，不打断别人。

⑥多用“你”或“你的”，少用“我”或“我的”。

⑦清晰、友好地交谈，通常与客户谈话的音调比谈话的内容更重要。

⑧多肯定、赞美别人，称赞并认可客户的成就；更正客户某些错误或观点时，不要用“但是”，要多用“同时”。

⑨记住别人的名字。

⑩理解及欣赏客户的性格差异。

⑪除非绝对必要，否则不要告诉客户你不同意。

⑫绝对不要同客户争辩。

⑬当你说“谢谢”的时候，一定要诚心诚意，并且要大声说出来。

⑭保持良好的职业形象。

⑮保持愉悦的心情。

第 43 章　灵活运用三大体验式售楼模式

有一位农夫想为自己的儿子买一匹小马，在他居住的那个小镇当时共有两匹小马出售，其中一匹要价 600 美元，付款后可以带走，另一匹则要价 850 美元。但第二个售马者告诉农夫，在他决定买与不买之前，可以让他的儿子先试骑一个月，除了可以将小马带到农夫家里，还准备了小马一个月吃草所需的费用，并且派自己的驯马人一周一次到农夫家里去教他的儿子如何骑马及喂养小马。还告诉农夫，小马十分温顺，最好让农夫的儿子每天能骑小马，让他们相互熟悉。最后，这位售马者还说，在一个月结束时，他会亲自去农夫家，或将小马带走，将马房打扫干净，或农夫支付 850 美元给他，将小马留下。

农夫会从哪一位售马者那里购买小马送给儿子呢？我想这种无条件试用的确让人无法抵挡，在销售中我们称之为“小狗交易法”。但在这里我要说的不仅仅是“小狗交易法”，而是在售楼过程中如何让客户亲身体验我们的楼盘。在推销楼盘的过程中，如果你只让客户看楼盘的资料，在他们的头脑中通常只会保留 10%的内容；如果你让他们看到并听到相关信息，他们通常可记得其中的 50%；如果让客户亲身体验或参与某些事情，他们可以记住 90%。因此，在售楼过程中要尽可能让客户体验。

目前，市场上的体验式售楼现象并不少见，如广州某山景楼盘，为了突出其自然环境，并向大家推荐森林带来的丰富负氧离子，在开盘前就举行了“白云山吸氧一日游”活动，给客户留下了深刻的“健康”印象；某江景楼盘为了突出其江景美色，先后举行了“坐热气球看江景”“坐直升机看楼”的活动，吸引了不少准买家体验；有些景观好的楼盘打造空中样板房等，让客户在买楼前充分体验楼盘的美景；还有些以小孩为诉求的楼盘，在其开办的少儿素质训练基地举办一些少儿书画比赛等吸引准买家，让小孩参与一些项目，体验其教育资源的先进性；更有某集团为了让客户体验其楼盘的质量，推出“无条件退楼”服务，充分让客户进行体验。

可能你会说，这些活动只有在大型促销中才可能实现。那么，在平时一对一的楼盘销售工作中又如何进行体验式售楼呢？其实，一对一的售楼同样可以让客户参与体验，你可以从如下几个方面入手：

（1）让客户体验细节

在售楼过程中，你可以让客户体验他们关心的一些细节，如果客户关心楼盘的地段，你可以让他计算楼盘到市中心某标志性建筑物的时间；如果客户关心运动，你可以带他到会所，让他参与某项他热爱的运动；如果客户关心交通，你可以让他计算楼盘至地铁、车站的时间等。当然，这些体验必须是你推销楼盘的优势，否则会起负面效果。有一次，一位售楼人员在推销一套花园里有秋千的别墅时，就陪着客户的小孩在花园里玩秋千，结果客户就为秋千买了单。

（2）让客户发挥想象力

一些楼盘未来可带来的利益或好处，可能不是马上能看见的，这时，你的任务就是把未来的利益及好处文字化，用语言表达出来，通过客户的想象得以体验。比如，在样板房里，让客户坐在沙发上，跟他描绘坐在沙发上可以看到的美景等。

（3）让客户触摸

让客户触摸楼盘细节，感受楼盘的质量等，这点已在之前的章节中详细介绍过。

第 44 章　如何让购楼者的购楼体温迅速上升

水在一个标准大气压下达到 100℃ 才会沸腾，购楼者的购楼行为也一样，通常只有当一个人的购楼欲望达到沸点时，购楼行为才会发生，我们称购楼者的这种购楼欲望为购楼体温。在售楼过程中，你的主要任务就是尽可能激发客户的购楼体温不断上升。

当你向客户介绍房屋的利益及好处时，如果他表示认同，则购楼体温就会上升，上升的程度因你介绍的方式及客户的感受不同而不同；相反，如果客户产生抗拒、怀疑、不关心、不认同，则会使购楼体温下降。客户对你的楼盘、公司或服务感到满意，购楼体温也会随之上升。专业的售楼人员需要从以下三个方面掌控客户的购楼体温：

（1）当客户的购楼体温较低时，要不断地提升他的购楼体温至沸点；

（2）当客户购楼体温在沸点时，要维持他的购楼体温；

（3）当客户购楼后，仍要维持他的购楼体温，让他的热情升华。

要让水沸腾有两种办法：一是不断升高水的温度至沸点；二是改变气压，让水的沸点降低。让客户产生购楼行为也一样，一方面，你可以不断提升客户的购楼体温；另一方面，你可以通过制造紧张感，降低客户的购楼沸点。关于制造紧张感，已在本书其他章节论述。这里主要讨论如何提升客户的购楼体温，可以从以下几个方面着手：

一、做足售楼前的准备工作

（1）检查你的服饰、仪表是否得体。

（2）翻阅你的客户簿，看看你这次要接待的客户之前的跟进记录，并简单回忆一下你了解的有关情况，定下本次的沟通目的。

（3）在带客户看楼的路上，或客户来之前，你应该认真琢磨一下这位客户，把你的关注点集中到他身上，他到底需要什么样的楼？他喜欢什么样的开场白？他对你会有什么态度？

（4）这次客户看完楼会有何种反应？如何应对？

（5）随身带着客户的联系电话，以便能随时联系。

（6）检查售楼工具是否齐备。

二、避免让客户的购楼体温下降

（1）除非你想吵架，否则千万不要提出有敌意的问题，也不要质疑客户的诚意。例如，问客户是否买得起，或是以挑衅的语言激怒他，这样做不但不会令客户做购楼决定，反而会引起客户的不快。

（2）不要随意打断客户讲话。售楼不是法庭辩论，要提问必须伺机而出，不要故意出难题，让客户没面子。

（3）针对你的楼盘的利益及好处设计一些有效问题，以适当的方式提出，引导客户对利益及好处有深刻认识。

（4）在客户做决策时，不要兴奋过度，保持冷静的头脑和冷静的状态。

三、每次带客户看楼后的 TDPPR

一套房屋交易成功，很少是一次看楼就完成的，客户总要有所比较，才会做出购买决定。看楼后一般会出现四种可能：一是客户同意购买，这是最好的结局；二是客户没兴趣；三是客户请你保持联络，但对下一次看楼的时间不做决定；四是提出进一步要求，需要复看或者回去考虑考虑等。

因此，在楼盘介绍和带看楼的过程中，你的任务就是要让售楼活动不断地进行下去，直至成交。一旦进入售楼流程，就要让它不断前进，千万不要让它停下来。否则，客户的购楼体温就有可能降至冰点。

TDPPR 公式是楼盘介绍、带看楼的有效指引。TDPPR 公式中的 T 代表时间（Time），D 代表日期（Date），第一个 P 代表地点（Place），第二个 P 代表人员（Person），R 代表理由（Reason）。如果在销售例会上，你的上司问你销售进展如何，你就可以根据这个公式回答他，每位客户跟踪到什么阶段，目前跟进的客户下一次看楼的时间、日期、地点（在二手楼业务中指约看什么楼）、什么人看楼（客户会带什么人一起来看楼，关键是要有决策人同行）、看楼的原因（是复看，还是其他原因）。在每一次楼盘介绍、带看楼结束时，如果不能结束交易，一定要做 TDPPR 中的事项决定，确保售楼活动不断进行下去。

四、做好售楼后的工作，让客户的购楼体温升高

（1）在签订《房地产买卖合同》后，必须稳定客户的情绪，让他保持平静。因为在签订合同后，一般双方都会感到兴奋，所以专业的售楼人员在签订合同后一般会找一些让人放松的话题，不谈刚刚售出的楼盘，而只是愉快地聊天。

（2）签订《房地产买卖合同》后，不能只说“谢谢”就算完事，这样会让客户感觉你只是一个生意人，一旦买卖结束，就开始敷衍他。专业的售楼人员一般会上前与客户握手致谢，并送他上车或到车站，这样让客户认为你不仅是为了生意，而且有意成为他的朋友。

（3）客户回家后一两日内，记得打电话恭喜客户，告诉他“您做了一个非常好的选择”，不断稳定客户情绪。

第45章　让客户折服的四大说服原则

要让一个人心服口服地去做一件事情并非易事，诸葛亮七擒孟获就很有力地说明了这点。要客户把紧捏在口袋里的钱拿出来买你推介的楼盘也一样，你需要说服他。要说服客户，必须掌握说服的方法及技巧。其实，楼盘推销就是一种说服过程，说服客户要遵循以下四大原则：

一、尽量利用第三方说服客户

关于楼盘的利益及好处，用你独白式的解说，不如引用第三方佐证更有说服力。你可以引用电视以及各种网络媒体对你楼盘的评价来增强说服力；也可以用政府及专业机构的研究报告和数据来解说当前的房地产形势，催促客户尽快决策；还可以提及购买你的楼盘的社会名流，以此向客户展示楼盘的素质；等等。当你引用第三方"说话"时，你的说服力就会大大增强。

这里的一个关键问题是，平时要注意收集与你所卖楼盘及你所就职的公司相关的报道，有利于你向客户解说当前房地产形势的文章，以及客户的感谢信等，把这些作为你的售楼工具，在恰当的时候展示给客户。第三方证明材料将加深客户对楼盘的认识，极大地增强说服力度。

二、尽量满足客户的需求

满足客户的需求是售楼的重要能力，无论是一手楼销售，还是二手楼的佣金收取，售楼人员与客户都是一对以房屋为纽带的矛盾体，往往一方的满足都是以另一方的牺牲为代价的。售楼人员每向客户做一次让步，都需要付出一定的代价和成本。因此，专业的售楼人员往往在让步前就想方设法满足客户需求，寻找客户的真正动机。调查表明，一个置业者对所买房屋讨价还价的动机通常有如下几种：

（1）置业者想买到更便宜的房屋；

（2）置业者怕吃亏；

（3）置业者想在讨价还价中击败售楼人员，证明自己的谈判能力；

（4）置业者想露一手，显示自己在房地产方面的专业性；

（5）置业者想摸清你的底价；

（6）置业者想利用这些策略达成其他目的。

有时置业者出价是表示放弃，通常是以不可能达成的低价来示意。你必须通过发问了解客户讨价还价的真正目的，采用不同的策略去满足他们。你可以在时间、成本、人的选择等方面适当让步，但这种让步必须先做全盘考虑，才能更有效地运用。

三、尽量掌控销售过程

售楼人员与客户的沟通模式颇似医生与病人、律师与被告之间的谈话模式，总是有一方要统治或控制谈话主题，如果你没有占据主动地位，就会以失败告终。在售楼过程中，客户会向你说明不想买的原因，但你必须把话题转到他为什么需要购买，以及购买这个楼盘会给他带来什么利益及好处上来。在这个过程中，不论出现什么样的干扰，如你的电话或客户的电话响了，之后你都必须婉转地把话题拉回你所卖的楼盘上来，你必须时刻吸引客户的注意力。

掌控的方法是设计一系列可能出现的问题，用提问的方式吸引客户注意力，从而掌控整个销售过程。

四、掌控销售过程需注意分寸

每个售楼人员都会有一些控制销售的技巧，但必须注意不能欺骗客户。你可能会对客户施压，但一定注意方法要巧妙，绝对不能有敌意，或让客户陷入尴尬。如果客户对你产生怨恨，那就太糟糕了。宣传你以及你的楼盘、公司很重要，但不能让客户产生妒忌。

以下是一些细节说服的技巧：

（1）在与客户谈判时，如果出现争端，先解决容易解决的问题，再讨论容易引起争论的问题；

（2）时刻向客户表明你站在他的立场看问题，婉转地要求他站在你的立场来看问题；

（3）遇到争论，尽量把已解决的问题与正在争论的问题连成一体，这样就容易解决问题；

（4）说出问题的双面性通常比片面地分析问题更有利于问题的解决；

（5）楼盘推介时，先透露一个客户有兴趣的话题，吸引他注意；

（6）楼盘介绍完毕，先询问客户的感觉如何，在对方认同利益及好处的基础上，再提出你的观点；

（7）多次重复楼盘利益、好处以及相关优惠措施。

第 46 章　房屋销售中，看家与买家的主要区别是什么

有一次，一位新来的售楼人员非常兴奋地向我请教，问我什么时候该逼客户下定？如何逼客户下定？原来，他上午带一对夫妇去看一套房子，这对夫妇看上去非常喜欢这套房子，当他介绍小区环境时，这对夫妇表示赞同；当他介绍这套房子的内部间隔时，也点头示意；当他介绍现在房地产形势，说明这套房子物美价廉时，这对夫妇还是微笑不反对；在询问他们感受时，他们回答："不错！不错！"

这对夫妇的表现让这位新来的售楼人员喜出望外，但一时不知如何让客户下定、签约。听他介绍一番后，我就问他："这对夫妇有没有提房子的缺点？"他回答："没有。"我又问："这对夫妇有没有对房子的价格提出异议？"他回答："没有。"我再问："你有没有要求这对夫妇复看？"他说："有啊，不过他们说这几天有点忙，等有空会主动打电话联系我。"凭我的直觉，这对夫妇其实对这套房子是不满意的。果然不出所料，当这位售楼人员一个星期后再打电话联系时，他们已经在别的中介公司看上了一套房子。

还有一次，我接待了一位男性工程师，这位工程师四十岁左右，我带他看了三次楼，感觉他对第三次看的那套房子比较感兴趣。他问我价格，我开价后，他还了价，并对房屋提了一大堆毛病，说小区环境太吵，治安不好；又说房间实用率低，间隔不好，装修太旧；还说不知建

筑质量怎么样；甚至说现在房地产行情走低，房价在下降。总之，给了一大堆不想买的理由。

在我与业主一番讨价还价后，最后确认业主的底价与这位工程师的出价相符，我把他叫到公司详谈。我永远不会忘记当时的情景：这位工程师一来到公司，就说自己很忙，而且自己现在有房子住，不急于买房子，本来是不打算来的，但看我这么热情，勉强来一下，希望快点谈妥。当听到我要他签承诺书时，他就进一步压价，经过几个回合，房价没办法压了，就转而压中介佣金，要求打七折。他一边要求，一边威胁我说他真的不是很想买这套房子，并一而再，再而三地提出房子的一大堆缺点，反复强调自己有房子住，不急于买。

凭我的推断，他是非常喜欢这套房子的，如果不喜欢、不想买，不可能跟我谈一下午，而且事先他还强调自己很忙，想早点结束。可这一谈，他反而不急于走了，而是急着跟我谈价格、谈佣金。直觉告诉我，成交时机来了，而且不能让步，让步了他会迅速跟进，最终我坚持住了。在快要下班时，他终于无可奈何但兴奋地交了一万元定金。

受阴阳思想的影响，很多人做事情时不会直奔主题，总是要绕一个圈子，绕完圈子后再提出要解决的问题。有时，他们表面上表现出不想要，其实是想要，而且越是表达不想要，越想要；相反，表面上一直赞同，没有任何异议，往往是不想要、不赞同。受这种思想影响，人们从来不会轻易地说“是”或“不是”，就连问朋友明天有没有空时，朋友一般都不会直接回答“有”或“没有”，而是先问你一句：“有什么事?”然后根据你的回答来做相应的回答。

因此，在你的售楼工作中，一定要认真去听客户说的话，多观察、多思考、多总结。前面已经说过，嘴巴可以说谎，但身体语言一般很难说谎。不要轻易相信客户的“不错不错”，也不要轻易放过客户的批评。往往喝彩的只是看客，挑剔的才是买家，客户越是批评房屋的缺点，就越是表明他的购买决心。

此外，有一种情况值得注意：有时客户还价是为了拒绝，因为中国人一般不喜欢说“不”，也不喜欢得罪别人，为了拒绝你的热情推销，客户会还一个非常低的价格，让你知难而退。这时，你就不要执拗地认为客户还价了就是有需求，成交就有希望。在这种情况下，再多的努力也是徒劳无功。

谈价篇

在房屋买卖中，要让业主满意，让买家开心，还要让自己收足佣金，所以交易是一门最具艺术性的活动，需要置业顾问具有很高的商业天赋。有效把握房屋谈判中的十大规律，定能大方无隅，“搅长河为酥酪，变大地为黄金”。

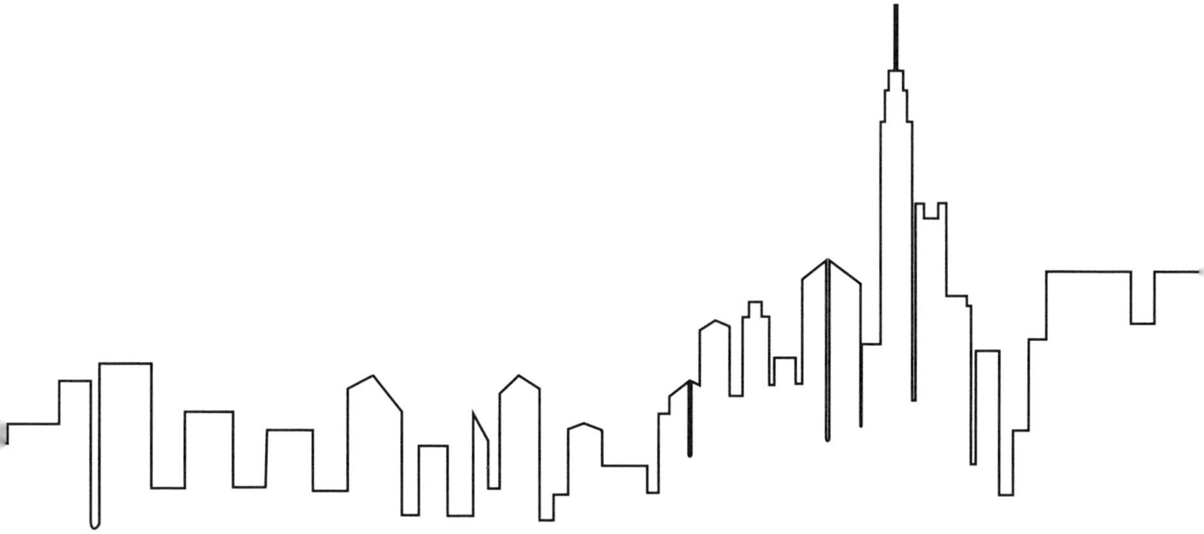

第 47 章　你必须掌握的成功售楼词汇

庆功宴上人们最喜欢听到的不是煎牛排的“嗞嗞”声，而是主持人喊到自己的名字；对一屋子的企业家来说，最美妙的声音不是钞票摩擦的“沙沙”声，而是对手在商场上突然倒下发出的巨响；一位老客户前来推荐新客户，他们最想得到的不是你给他的好处，而是从你嘴里说出他的姓名。

在日常用语中，有些词语会让人兴奋，有些词语却让人产生负面联想。因此，在跟客户介绍楼盘以及谈判时，要尽量用让客户兴奋的词语，避免使用可能让客户产生负面联想的词语，一定要用到这些词语时，可以用一些正面的词语替代。比如，当你与客户谈到银行按揭时，不可避免地要谈到“每月供楼款”，当客户听到“每月供楼款”时，会联想到“每月都要付钱出去”，其潜意识里会产生一种抗拒，毕竟谁都不愿意“付出去”，如果我们把“每月供楼款”改成“每月投资”，因为付出的钱是不可以收回来的，而投资出去的钱是可以收回来的，当客户听到“每月投资”时，就会兴奋起来。类似的词语还有很多，我们要注意收集和整理，并运用到实践中（见表 47-1）。

表 47-1　替代词汇

应避免的词汇	较好的替代词汇
合同	协议
拒绝的理由	疑问
你错了/不	实际上是……
每月供楼款	每月投资
提成/佣金	服务费
签名	同意、认可、批准
更便宜	更经济
问题	挑战

此外，美国知名业务训练师汤姆·诺曼总结出 24 个适合销售使用的词语，以及 24 个不适合销售使用的词语，希望你能熟练掌握（见表 47-2）。

表 47-2　适合销售使用和不适合销售使用的词汇

	适合销售使用的词汇	不适合销售使用的词汇
1	顾客的名字	应付
2	了解	花费
3	证实	付款
4	健康	契约
5	轻松	签字
6	保证	尝试
7	钱	困扰
8	安全	亏损
9	节省	丧失
10	新的	损害
11	喜爱	购买
12	发现	死亡
13	正确	低劣
14	结果	售出

续表

	适合销售使用的词汇	不适合销售使用的词汇
15	真诚	出卖
16	价值	代价
17	玩笑	决心
18	真理	费劲
19	安慰	困难
20	骄傲	义务
21	利益	责任
22	应得	失败
23	快乐	不利
24	重要	不履行

耶鲁大学研究人员对汤姆·诺曼的研究成果进行了补充，增加了 5 个适合销售使用的词语，分别是你、担保、优点、明确、好处。此外，一个专业的售楼人员在与客户沟通时，还必须避免使用如下一些词语：

（1）贬义词：反对、批评、疑虑、烦恼、危险、遗憾、责备、欠缺、困难、讨厌、害怕、犹豫、扫兴、悲伤等。

（2）否定词语：不、没、非、无、不用、不必、不行、不可、不好、不许、不是、不见得、不值得等。

（3）刺激性词语：你别讲了，我插一句，你错了，我料到你会，根本不对等。

（4）表示不确定或夸张的词语：或许、大概、老实说吧、说不定、说不准、可能吧、恐怕、不好说等。

（5）鼻音：嗯、哼等。

第 48 章　二手楼也可以低开高走

一手楼的开盘价格往往都是低开高走，开发商为了证明自己的楼盘在不断升值，会根据楼盘的方位、楼层等来决定每次推出的均价。楼盘素质当然是越推越好，这样，即使整栋楼或整个小区没有升价，也可以制造出均价不断上升的假象，让消费者持续追捧。二手楼一般是单套销售，可以推荐给客户的房子一般是分散的，不会集中在一栋楼或一个小区。当你针对某套房子向客户报价后，客户是一定要砍价的，那二手楼还能低开高走吗？需要采用什么策略呢？

这里我们看一个有趣的测试：从图 48-1 中你看到了什么？或许你看到的是一堆乱码。现在你把书打开放好，往后退两米，再看这张图，你发现了什么呢？“我好喜欢你”五个字是不是一下子就映入你的眼帘？

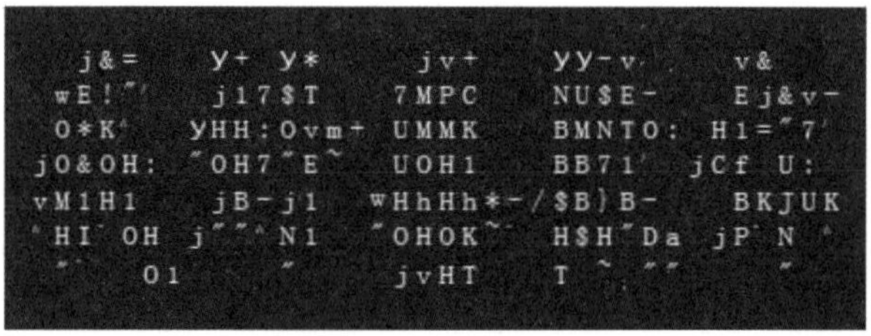

图 48-1　有趣的测试

在我们的生活、工作中其实常会有类似的情况发生，我们总是要求自己不断地前进，就算出了问题也是立刻换一条路继续前行，似乎都忘了后退一步反而可以看清事情的全貌。所以，当你陷入困境，苦苦找不到方法与出路时，不妨后退几步，说不定一个崭新的局面就会呈现在你面前。正所谓“山重水复疑无路，柳暗花明又一村”。

以售楼人员的晋升与降级制度来说，一般晋升与降级都是凭业绩说话，人难免会有业绩不好的时候，可一般如果人升上去了，特别是升到主管以上后，要降下来就接受不了。其实，有时后退一步也未必是坏事，你接受事实，更有利于看清楚自己为什么会降下来，再升上去的时候，你的成功概率就会大很多。

这种以退为进的方法在二手楼谈价中也很奏效，以下这种局面在你的销售工作中一定也碰到过。

有一次，我手下一位刚入行没多久的售楼人员带客人去看一套房子，业主因办妥了移民手续，急着要出让房屋，满屋子高档家具、电器一起转让，出价是350万元，底价是340万元，但不包括家具、电器。按照当时行情，这套房子的市场价应该在350万~360万元。这位新来的售楼人员带客户看过五六套房子了，当客户看到这套时，眼前一亮，非常喜欢，马上就问价钱。这位新入行的售楼人员因急于成交，告诉他业主开价是350万元，底价是340万元，并跟他讲了相关行情，说明这套房子的确很“笋”。但客户不但没有领情，反而说太贵了，最多330万元才考虑，并保证如果业主330万元肯卖，立即过来签合同。这位售楼人员一想，一下子要便宜30万元，肯定不可能，就想跟客户直说，但为了让客户有面子，只好说回去跟业主商量商量。但他一再强调这套房子值360万元，是刚收到的“笋”盘，要便宜30万元，怕业主不愿意，并告诉他要抓紧。

没想到，晚上通过电话沟通，业主真的答应了以330万元成交，并表示不可能再少了。第二天一大早，这位新入行的售楼人员就兴高采烈地来到公司，打电话叫那位客户来下定。没想到，这位客户得寸进尺，说昨天回去跟他太太商量了一下，觉得这套房子不值330万元，要求再降10万元，并表示如果降10万元就立即过来签合同，给首期。这下把这位售楼人员急坏了，眼看到嘴的鸭子飞了，因为业主根本不可能再退步了。

你是不是也遇到过这种情况：不是业主一再反价，就是买家一再反价，眼看到价了，却没办法成交。在这种情况下，双方都有购买或出售的意愿，但为了争取更大的利益，不断地反价，处理不好就鸡飞蛋打。售楼人员最后就成了“猪八戒照镜子”——里外不是人。遇到这种情况应该如何处理呢？

这位新入行的售楼人员找到我，问我有什么办法。我要求他把情况仔细跟我说明，并叫他通知客户下午过来再看一遍楼。我找了一套面积、间隔与这套差不多，只是地段差些的房子，把这位客户带上去了。

我告诉这位客户，这套房子的间隔、面积与他想要的房子差不多，最关键的是320万元已经非常接近业主的底价，问他意下如何。话刚说完，这位客户就说：“邓先生，有没有搞错，我要的是那套房子，不是这套啊！”言语中有点恼怒。这正中下怀，我想要的就是这句话。我装作一副很委屈的样子说：“哎，别提了，早上还帮您争取到330万元，这可比市场价便宜30万元啊！可您不要，非得要320万元，我们的售楼人员又打电话给业主，好可怜啊，被业主骂了个狗血淋头，业主当场就说不卖给我们了。刚刚我亲自打电话给业主，好歹凭我一张嘴说服业主由我们卖这套房子，不过他说价格就得按原价了，没得商量，而且今天上午放盘就放了好几家，我刚打电话时，他还在接待别人看楼。”

于是，我建议这位客户算了吧，这套也差不多，那套要想320万元根本不可能，340万元其实比市场价还便宜20万元，等下看楼的一多，我怕业主还要升价。客户本来就很喜欢那套房子，听我这么一说，他很后悔，但又无可奈何，赶紧问我：“340万元能不能少点？”我对他说：

“340 万元少应该没得少了，不过，原来业主 340 万元不包家具、电器的，我再帮你争取一下，看能不能包括那些高档家具、电器，你知道的，那些家具、电器都是高档货，少说也值二三十万元。”与此同时，我催促他下了 10000 元诚意金。就这样，原本让客户压到 320 万元的房子，又让我拉回了 340 万元。

通常遇到这种情况要谨慎处理，要看客户的购买欲望，如果欲望很强，可以找一套相似但素质差些，并且价格符合客户还价的房子，利用心理战术击溃业主的心理防线，以获得销售的成功。

第49章　谈价中如何有效触摸对方底牌

在二手楼的买卖中，经纪人最头痛的有两件事：一是购楼客户不少，但总是找不到他们想要的房子，似乎盘源总是不够用；二是客户看上了某套房子，就是谈不拢价格，业主底价与客户出价总是有差距。当然，这都是正常现象，有困难才说明经纪人有存在的价值，如果卖楼就像卖青菜，那么，“地产经纪”这个词就没有存在的意义了。

造成盘源不够用的原因一般有两方面：一是盘源的确少；二是售楼人员没有找到客户真正的需求，没有引导客户发现自己的需求，这些内容在前面的章节已详细介绍过。价格谈不拢则是因为售楼人员对买卖双方的底价没有摸透，以致在谈判过程中错失良机。

在价格谈判中，最有利的因素不是你有多好的口才和技巧，而是知道对方的底牌，也就是掌握双方的心理底价，《孙子兵法》中的“知己知彼，百战不殆”讲的就是这个道理。如果双方的心理底价重叠在一起，则可利用技巧迅速成交；如果双方的心理底价有一小段距离，则不能操之过急，要制造紧迫感等，做好成交前的铺垫工作，拉近双方的心理底价，使其重叠，再行成交；如果双方的心理底价相差太远，则不要留恋，迅速另辟战场。

有一次，我接待的一位客户看上了一套房子，这位客户对这套房子还了价，希望以260万元成交，但业主的开价是280万元，市场价在 270 万元左右，所以 260 万元也算一个不太离谱的还价，我收了买家的 20000 元诚意金后，找业主谈价。谁知业主一口咬定要 280 万元，并说不二价，要不签约，要不就免谈。看着业主强硬的态度，我就问他："是不是有其他公司正跟您谈 280 万元呢?"他不做正面回答，只是说自己现在还有一套房子住，不缺钱花，卖不卖无所谓，卖不出去就出租算了。总之，就是"咬定青山不放松"，没有 280 万元就是不谈。

没办法，我找了公司另一家店铺的同事带了一位"客户"上去看楼，并让"客户"带了 10000 元现金，看完楼后，这位"客户"询问价格，当即还价 240 万元，并拿出 10000 元现金说可以立即下定。虽然业主还是重复"不缺钱花"那一套说辞，不过，他看到这位"客户"这么有诚意，语气好像不那么坚决了。于是，这位"客户"马上问道"到底多少钱可以卖"，并声明自己已经看过很多楼了，像这种房子顶多也就 245 万元左右，如果可以的话，明天过来再谈。业主没有出声，推说自己做不了主。

我的同事一直用 245 万元跟他谈，而我则用 260 万元跟他谈，最后以 265 万元成交了。

这里有两个关键点：一是业主反复强调自己不缺钱花，其实真正不缺钱花是没有必要反复强调的，往往越是强调什么，越突出弱点是什么，只不过是想借言语来掩饰而已，这是我们在与买卖双方谈判的过程中要注意的；二是我用了一招"投石问路"，也就是派人去摸业主的底价，如果业主的底价在 280 万元，此"客户"还价 240 万元，业主一定会被惹火，甚至下逐客令，在这种情况下基本可以判断业主的底价在 280 万元左右了，如果买家出价拉不上来，只能另辟战场；如果还价 240 万元，业主不是拒绝成交，而是想力挽颓势，则他的底价应该在 280 万元以下，可以不停地试探其底价，直至成交。

如何有效试探客户的心理底价呢？下面几种方法值得借鉴：

一、直接询问法

可以直接询问对方的底价，在这种情况下，业主一般都会直接回答你，但未必是真的底价，你要用“为什么”这个词，问他为什么会这样认为呢？在问“为什么”时，你可以把当时的行情及最近的类似成交个案加进你的问话中，让客户回答，根据客户回答的内容及语气，判断其底价大概是多少。你还可以问他：“假如我有个客户出价比你的底价略低一点，并且可以收他的诚意金的话，可不可以打电话找你谈一下？”如果客户的回答是肯定的，那么他的底价还可以下调一点；相反，如果客户的态度很坚决，那他的底价也就差不多了。当然，如果买家的期望价格与此相近，仍可以收取诚意金，通过制造一些紧迫感，打破业主的心理底价，同时，也可以拉高买家的出价。

二、投石问路法

投石问路的方式多种多样，可以多打电话扰乱客户对当前形势的判断，在更多的、更低的出价事实上，动摇其心理标准，从而达到探价目的。也可以请同事亲自上业主处投石问路，在有客人的情况下，业主容易被打动。仅凭一个电话，客户感觉不到你的诚意，有“客户”亲自还价，业主会感到实在，而不仅仅是中介打电话来压价。此外，“客户”还价给业主，万一业主被惹火，中介还可以当和事佬，甚至可以指责所谓的“客户”，站在业主一边说话，增加业主对中介的好感，为下一次谈判埋下伏笔。

使用投石问路法要还一个比较低的价，而不能略低于市场价，低价还可以看到业主的诚意在哪里以及他对房屋脱手的急切程度。

此外，值得一提的是，中介是买卖双方的桥梁，其最主要的任务是协助买卖双方达成交易，而不是要帮哪一方以最便宜的价格买到房子或者以最高的价格卖出房子。因此，在价格谈判时一定要注意分寸，不要赶尽杀绝地去讨好哪一方，即使知道买卖双方的底价，也不要轻易向某一方亮出另一方的底价，要让双方都感觉到你在为他着想，争取到最后的成交价。你付出了很多努力，但你要把这个谈价功劳送回给双方，私下称赞他们的谈价能力，经常露出你的招牌式微笑，并笑着说："你谈价真厉害!"

第 50 章　如何有效拨动谈判的音符，成功售出房屋

一宗房屋买卖的高潮总是在签购房合同之时。在一手楼买卖中，买方会为争取更多的折扣、优惠、增值服务、相关保障等与你展开谈判；在二手楼买卖中，买方会为价格、付款方式、收楼时间及相关条件，甚至是你收取的中介服务费、办证时间及其他服务保障等斤斤计较，同时，业主也会捍卫自己的价格以及收款方式、收款期限等。总之，越是到最后，这种谈判就越扣人心弦。

有效地收场要求售楼人员有好的谈判技巧，无论是价格、交易条件、付款方式，还是服务保障、服务内容等的谈判都要求售楼人员有知识和经验的积累。谈判之经验与策略如同音符之于音乐，要掌握音调，必须先学好音阶，要掌握谈判技巧，必须知道注意事项：

（1）不管买家还价是高于业主底价，还是低于业主底价，不要立即接受，要表示有差距，需跟业主努力争取，并要求下一定的诚意金，以免事后买家反悔。

（2）不管业主还价是高于买家出价，还是低于买家出价，不要立即接受，要表示有差距，需跟买家努力争取，如果可能，尽量要求业主签订承诺书，以免事后业主反悔。

（3）绝对不要跟自己妥协。一旦你开出的条件有一方不接受，不要再开出其他条件，一定要询问当事方的意见，并根据与其约定再做调

整。否则，对方可能会无休止地提出更多异议。

（4）不要跟没有决策权的卖方代表及买方代表谈价格或其他相关条款，因为他们没有决策权，谈好的价格及条件还会被决策人推翻并提出更有利于自己的条件，不但浪费时间，而且极易陷入僵局。

（5）如果买卖双方提出的条件你无法同意，那么就拒绝。任何乱承诺的事情都有可能造成不可收拾的后果。一宗能达成的买卖并不代表一定要做，一定要考虑公司的风险，没有人会因为拒绝而下岗，也没有公司会因为拒绝而破产。

（6）谈判前要尽量了解买卖双方的情况，做到知己知彼，直觉是敌不过有效的情报分析的。

（7）售楼人员要多做些沙盘演练，找人扮演买卖双方进行练习，特别是新入行的售楼人员，更要勤加练习。

（8）一定要防范迟到的买家或业主。有时，业主或买家会表现得毫不在乎以至于迟到，这些都是他们的手段。他们这样做的目的就是要让你及另一方觉得他对这宗三方条约无所谓，随时可能会提出一些更有利于他的条款。

（9）谈判时态度要好，如果你心情不好，可请你的主管协助谈判，否则，有可能会把事情搞砸。

（10）没有人会主动向你亮底牌，你必须自己去揣摩。注意：谈判时所说的理由往往不是真的理由，所以，根本不必去理会那些无谓的理由。

（11）别显露情绪，即使买卖双方条件都符合了，你也得保持冷静，不要表现出夸张的神情。

第 51 章　让人意想不到的坦白式谈价法

一次，我带一位中年女性客户去看一套一楼的房子，这位客户很快就喜欢上了这套房子。她非常心急地问：这套房子多少钱？当我报出 240 万元的价格时，她有点失望，跟我说她只有 220 万元，这是她能拿出来的所有钱了。因为这套房子之前已经被两个客户看上，与业主谈过价，业主的底价是 230 万元，且均在谈价中，我看她着急的样子，就把实情跟她说了，告诉她没有 230 万元业主是不会卖的。她反应很平淡，但看得出内心有点急，她问我可不可以让她跟业主谈谈？于是，我约了业主第二天复看。

第二天，这位客户看楼时，对房屋也没有进行特别“检查”，倒是跟业主有一句没一句地聊上了，因为业主也是一位四十来岁的女性，两个人好像挺聊得来，后来她们完全不聊房子了。这位中年买家聊起了她目前的生活状况，说她的丈夫因工伤只能在轮椅上活动，自己在一家不太好的国企上班，说不准哪天就要下岗，说着说着，眼泪就掉下来了。她还提到家里有一个快七十岁的婆婆，现在住在顶楼，没电梯，加上在上中学的小孩，她一个人要照顾三个人非常不容易。所以，计划卖了顶楼的那套房改房，再凑点钱买一套一楼的房子，好照顾丈夫和婆婆。

前天刚在一家中介公司收了定金，现在急着要买房，好不容易找到一套，可自己那套房子才卖 180 万元，加上结婚以来存下来的 40 万元，一共才 220 万元，心里很着急。

两个人说着说着，好像成了多年未见的姐妹，在临走之时，业主竟奇迹般地同意以 220 万元卖给这位中年女性了。在签订合同时，在收款方式、时间以及提前交楼等方面业主均做出了非常大的让步。

好一个“坦白”，没想到这位中年女性客户把自己的苦衷坦白之后，原来一直咬定“非 230 万元不卖”的业主，竟然会轻易地便宜 10 万元，并在其他方面做出了非常大的让步。

一般人都不愿意把自己的实情坦白出来，但有时坦白却会得到意想不到的效果，很多僵持不下的问题，可能一经坦白，就迎刃而解。也就是说，有时说实话也可以让对方让步。

当谈判双方的立场对立时，双方都不会轻易地让对方了解自己的实情和弱点，谁都希望从对方身上多获得一些利益。你知道对方越多，获胜的机会就越大，很少有人把自己的实情主动告诉对方。但如果在双方僵持不下时，坦白说出自己的苦衷，不但是一种摊牌策略，也是扩大议价空间的好方法。

要更好地发挥坦白式谈价法的效果，首先，是买卖双方必须有共同的目的，最起码都有诚意进行交易；其次，双方能够承受的心理底价不会相差太远，例如，上述案例中，如果买家只能承受 200 万元，我想再怎么坦白可能也不会成交，业主可能会想，既然钱不够，就再去买套小点的房子；最后，坦白实情可以博取对方的同情心，但一些无关痛痒的事情，即使坦白，也不会赢得对方的同情，相反，等于将弱点告诉对方，告诉他“快来攻击我吧”。此外，要博取对方的同情，还得看对方是什么样的人，运用在女性谈判对象身上，效果会明显一些。

此外，绝对不要恶意欺骗客户，也不能协助买家做毫无事实根据的坦白，中介人员的立场就是要保持中立，做到公平、公正。

有一次，我接到这样一个投诉。我一进会客室，一位女性业主就指着我大叫：“这个人就是骗子，是他骗我的。”我很纳闷，我从来不认识她，怎么还说我骗了她。我笑着跟她解释，我不是你讲的那个骗子，并递上一张名片给她，她稍停了一下，她的先生就在我耳边轻轻跟我说："对不起，她现在是更年期，脾气大点。"我并不介意，询问怎么回事。于是，她反复跟我讲述了她卖楼的过程。原来，有一位售楼人员带了一位客人去买她的一套房子。那位客人看上去很老实，一副可怜相，说他家里很穷，妻子下岗了，还有小孩刚上大学，各方面负担很重，要求价格便宜一些。富有同情心的女业主便宜了 15 万元将房子卖给这位买家。谁知，后来了解到这位买家竟然是一位专业"炒家"，专门炒楼的，更离谱的是，他竟然骗售楼人员说，自己买好了装饰材料，要求业主提前交楼给他，业主也答应了。

后来，业主回去交水电费，发现楼下的中介在卖她的那套房子，她就认为中介与投资客合伙骗她，非常生气，于是来公司投诉，并要求立即把所有楼款给她（当时还正在过户）。她反复地强调这件事，我和公司另外一位同事整整陪她一下午不能工作。了解情况后，我立即要求当事的售楼人员当天晚上就协调买家在支付时间上让步，并对当事售楼人员进行了严厉处罚，才平息这场风波。

在运用坦白式谈价法时，要谨慎处理业主及买家的"坦白"，有时这种"坦白"仅仅是一种议价的筹码，要小心识别。无论如何，不要把"坦白"演变成一种欺骗手段。

第 52 章　谈判条件达成时，最容易犯的致命错误是什么

有一天，乌鸦找到了一片肉，叼着肉站在树枝上，心里很高兴。这时候，狐狸也在找吃的，它抬起头，看见乌鸦嘴里叼着肉，馋得直流口水。狐狸想了想就笑着对乌鸦说："您好，亲爱的乌鸦，您的孩子好吗？"乌鸦看了狐狸一眼，不作声。狐狸接着又说："亲爱的乌鸦，您的羽毛真漂亮，麻雀比起您来，可就差多了。您的嗓子真好，谁都爱听您唱歌，您唱几句吧！"乌鸦听了狐狸的话，得意极了，就唱起歌来。"哇……"它刚一张嘴，肉就掉下来了，树下的狐狸叼起肉就走了。

《狐狸和乌鸦》的故事相信大家都非常熟悉。但在日常生活、工作中你是不是也会犯同样的错误呢？很多人在取得成功，或即将取得成功的时候，禁不住别人的赞美，往往会得意忘形，过早地表露自己的情绪，导致形势发生逆转，最后可能出现不可收拾的局面。

有一次，我的一位下属带一位客户去看楼，客户比较喜欢这套房子，便询问价格。业主开价是 350 万元，没有报底价，因此，售楼人员就报了 350 万元。客户还价 330 万元，并且在售楼人员的游说下付了 10000 元诚意金。与业主一番电话沟通后，业主同意 330 万元卖出，于是售楼人员拿着一份空白的《承诺书》到业主家里，要求业主签订以 330 万元售出的《承诺书》，并表示这个价格与买家出价有点距离，要努力争取把买家出价拉上来。他的话是应付了业主，但他的神情没有逃

过业主的眼睛，业主马上就反应过来自己卖便宜了，但苦于已经签订了《承诺书》，只好同意。

第二天下午，这位售楼人员就约业主与买方来签《房地产买卖合同》，业主故意迟到了半个小时，并提出要一次性收齐所有房款才过户（这种要求不符合正常的交易程序），因为《承诺书》上虽然写明买家一次性付款，但没有详细约定什么时候支付多少钱（一般也不可能这么详细约定），业主就抓住这条不放，申明自己没有违反承诺，只要对方同意这个条款，他就立即签合同。因为，这个条款与正常交易程序不符，且有较大的隐患，买家当然不答应。最后，三方争执了半天不欢而散。

在房屋买卖过程中，不管双方在价格或其他条款上提出的条件是否达到你的预期，都要不动声色，保持冷静。在言语上要表示还有距离，要努力争取。比如，在一手楼销售时，买家要求的折扣可能在你的权限范围内，但你也不要立即答应，你要告诉他，那是经理的最高权限，立即去帮他申请，让他感觉到你在热心为他着想。在二手楼交易过程中也一样，买家还价，高过业主底价时，你仍要说还差一点，要帮他跟业主争取一下，让他感觉到你为了谈到这个价格非常不容易，最起码他在付中介服务费时会感觉物有所值，否则，也会继续压价，并觉得付给你的中介服务费不值得，甚至还跟你就中介服务费讨价还价。

此外，当买方还价在底价之上，你不动声色的同时，一定要把握机会，争取一方的承诺，否则，机会有可能稍纵即逝。因为买卖双方都会有比较心理，他们在心里做一项决策时，会询问亲戚朋友，越多的意见就越会动摇他们的决心。没有约束的决策，随时都可能发生变化。因此，还价高于底价之时，下一个关键动作就是如何有效地结束交易。

第 53 章 谈价中，与“狼”共舞的后果

影片《与狼共舞》是一部美国西部片，该片肯定了印第安人的纯朴、真挚和善良，提出了民族间应放弃斗争，和平共处的观点，并用邓巴与苏族人的友善相处，展现了这种理想的自由与美好，奏起了友爱、平等、和平的旋律。这些艺术上的成功之处最终使影片在第 63 届奥斯卡评奖活动中一鸣惊人，荣获 12 项提名，令世界为之瞩目。

但在现实生活中好像特别难与“狼”共舞，人们总与“狼”站在敌对的立场上，“引狼入室”“狼子野心”“狼心狗肺”“鬼哭狼嚎”等成语无不体现出人们对“狼”的恐惧和痛恨。因此，在大多数人眼里，与其与“狼”共舞，不如与“狼”共武。

有一次，一位售楼人员带一位律师去看一套房子，在售楼人员与这位律师的交谈中，他发现这位律师非常喜欢这套房子，但在提到价格时，律师提出：“前几天，另一家中介带我去隔壁一栋楼看过一套差不多的房子，但那套房子算下来每平方米才 31000 元，怎么这套算下来要 33000 元，贵了这么多，太离谱了吧？”这位售楼人员听后立即说道：“是的，那边那栋楼的价格是 31000 元/平方米，但那栋楼靠马路，吵一点，再说，装修也没这么好啊。”后来，由于这位律师出价太低，业主没办法接受，导致成交失败。

在我们与客户议价时，如果确认了一个连客户或者业主都不认同的

条件，只会强化他们心中已经形成的形势判断，再要说服他们改变对形势的看法，将是非常困难的事情。很多时候，客户可能只是为了杀价，随便说了一句未必是事实的话，而你却肯定他的话，他就会认为这是事实，你再想改变他的看法为时已晚。因此，当客户提出一个与目前局势相差较大的信息时，千万不要表示认同，否则，你将失去议价的主控权，再想扭转局势，大多数时候只能是徒劳。

因此，在客户不断提出与目前局势相差较大的条件时，专业的售楼人员一定要非常熟悉市场，必须立即判断是否真实，而不只出于奉承的需要，盲目地认同客户。同是上述案例，你可以这样回答："不会吧？这么便宜，会不会是好朋友或亲戚之间转让啊？我的同事上个月在那栋楼才卖出去一套啊，均价也要每平方米32500元，况且那栋楼比较靠马路，很吵的，很多业主就是因为没办法忍受24小时不停的汽车声，才放盘出来的。像你们做律师这行的，天天都要思考很多问题，要是太吵了，会影响你们工作的，我想一个安静的居住环境一定可以增进你的事业。"

在这种情况下，不管客户说的是否属实，因为与你目前推荐的房子的条件相差较远，你不能立即认同客户的看法。即使根据你的判断是事实，你也要把他提出的这个事实当成一个偶然事件。然后，再根据比较法原理，充分陈述你推荐的房子的利益与好处，为什么会有这么高的价格，即使与客户提出的这个偶然案例中的价格相比，你目前的报价仍是物有所值。

这种做法可以对客户的心理起到一种缓冲作用，不会让客户坚持自己对局势的判断，相反，他会循序渐进地接受你的观点，从而有利于售楼人员主控整个议价过程。

第 54 章　如何通过比较，让客户成为赢家，快乐买房

如果你是一位买楼客户，请问你会把 350 万元交给一位售楼人员，去买你知道不会超过 300 万元的房子吗？会还是不会？

如果你是售楼人员，当你向客户推销房子时，你相信他会出 350 万元买一套他认为只值 300 万元的房子吗？会还是不会？

如果你是一位买楼客户，假设有一位售楼人员用了许多“最好”“最有效”和“最有力”之类的词向你推销房子，对你进行说服，在这种情况下，你会把 350 万元交给他，去买你知道不会超过 300 万元的房子吗？会还是不会？

如果售楼人员利用苦肉计，利用你的善良、你的同情心，坚持要你帮他的忙，要你通过购买他推销的房子来帮助他维持生计，让他能够照顾家里的老人和孩子等，你会把 350 万元交给他，去买你知道不会超过 300 万元的房子吗？会还是不会？

我敢说，你的答案一定都是“不会”。任何人都不会掏钱去购买高于心中底价的商品，更何况是涉及金额较大的房屋交易。只有你让客户感觉到这套房子物有所值，成交价低于客户心中的底价时，客户才会做决策购买。当你所推销的房屋的价格等于或低于客户心中的价值时，你才会有客户；否则，只要推销价格高于客户心中的价值，所有的技巧、说服方法、压力、紧迫感都是没有用处的。

客户的心里底价是由什么决定的呢？一般来说，客户是通过“比较”来决定的。他们通常会询问不同的售楼人员，根据不同的回答来判断房子的价值；也有可能是看了不同楼盘，根据所看楼盘报价来进行价值判断；还可能有熟悉的人刚刚买了楼或卖了楼，他们会根据这些个案来进行判断；等等。总之，他们心目中有了一定的参照物后，就会对你推销的房子进行价值判断。有时，客户的参照物未必准确，专业的售楼人员必须学会引导客户去比较。

客户一般是根据他选用的参照物来与你议价的。当客户抱怨你推销的房子太贵，并举出一个反例时，通常会有两种情况：一是客户心中没有参照物，随便编造出一个案例，其目的只是想争取更大的议价空间；二是客户选用了一个没有可比性的参照个案。

一个专业的售楼人员必须熟悉自己的产品，对于客户举出的反例，能够根据自己掌握的市场知识立即判断出客户是在编造案例，还是选错了参照个案。如果是前者，我们绝对不能“与狼共舞”，要通过恰当的言辞，扭转客户对楼盘的认识，促使他们不断提高底价。

有一次看完楼后，我在楼盘现场就与客户谈起了价格，客户笑着说：“330 万元太贵了吧，昨天，我在这个小区的另外一栋楼看了套一模一样的房子，才 290 万元，这套房子可整整贵了 40 万元啊！”我一听就知道客户在编造个案，目前的楼价绝对不可能这么低，他只是想争取更大议价空间而已。于是，我便笑着问他：“那到底要多少钱您才买啊？”客户答道：“300 万元差不多。”我笑着又说：“好！就卖给你了，而且还可以再找回 10 万元给你。”客户惊讶地问道：“怎么，底价真的才 290 万元吗？”我又笑着说：“哦！你别误会，我是指对面面积小一点的那套，只要 290 万元，价格正好合适你啊。”客户听后笑道：“你真会开玩笑，我说这套，你说那套。”然后接着又问我：“那到底要多少业主才会卖呢？”客户的问话无形中已经否定了自己编造的个案，并在心中加了价。之后，我举了一个近期在该小区成交的个案，让他知道业主为什么只有小幅让价。

在处理这种情况时，一定要注意言辞表达不要强硬，要以半开玩笑的口吻与客户交谈，语气非常重要，表达上尽量婉转些，让客户感觉到你不赞成的只是他的价格，不是否定他个人。

客户选错了参照个案时也不要指责客户，要灌输给客户“一分钱一分货”的观念，不断陈述你推荐的楼盘的利益及好处是他所选参照个案不能提供的。有时，恰当地运用类比也会有意想不到的功效。

有一次，一位客户看上了一套一手楼，但觉得开发商提供的 1500 元/平方米的装修标准太贵了，强调自己不需要这么贵的装修，只要每平方米 500 元的装修就行了。但开发商执行的是统一交楼标准，没有其他选择。这个客户总是用预想的一般装修与这个精装修比较，当然觉得价格不合适，因此，他为了这个高价的精装修摇摆不定。

当这位客户再次来看楼时，我的一位销售主管接待了他，当他再次强调装修太贵时，销售主管问道：“太贵了，你是说价格还是代价呢?”这位客户一愣，不解地问道：“什么意思呢？买楼的价格和买楼的代价有什么不同吗?”销售主管接着说道：“几年前，我有套房子要装修，但是我对装修一窍不通，只是想把钱花在刀刃上，于是，就选用了最便宜的木地板。没想到，两年不到，有些木地板就翘了起来，我不得不重新花大价钱买了质量好，而且贵很多的木地板铺上。重新花的钱不说了，光是把原来铺的木地板搞掉就多花了不少钱。我想说的是，价格是一次决定的，而代价是你拥有这套房子后，会不断增加的。一次性到位，不是比之后代价不断增加要更好吗？我们这个装修表面上看起来是贵了点，但少说用上十几年肯定是没问题的，平均起来其实是非常便宜的。如果你选用 500 元的装修，看起来是便宜，但加上之后的代价也并不便宜，而且重新装修非常麻烦。”这位客户听完再也不提装修太贵的事了，没多久，就决定购买。

第 55 章　让客户越谈越高兴的放价原则

售楼人员在房屋推销过程中表现出直率的性格到底好不好？

有一次，一位售楼人员与一位已看过三次楼的客户谈价，售楼人员开价 280 万元，客户还价 250 万元，业主底价是 270 万元。这位售楼人员一见客户还价在业主底价之下就急了，大声对客户说："说实话，业主的底价是 270 万元，250 万元是不可能成交的，你看 270 万元买不买？"这位客户咬定 250 万元，高过这个价不买，结果当然是徒劳。

这位售楼人员在还价过程中到底有没有做错什么呢？

还有一次，另外一位售楼人员与一位已看楼多次的客户谈价，售楼人员开价 350 万元（业主底价 335 万元），客户还价 320 万元，这位售楼人员非常坚定地告诉客户，说业主的底价是 350 万元，320 万元是不可能买到这套房子的。后来经过几轮谈价后，客户加了两次价，一次同意加价 10 万元，另一次同意加价 5 万元，即 335 万元可以成交。这时，售楼人员看客户的还价已经到了业主的底价，就跟客户说："335 万元虽然离业主底价有一点点差距，但已经比较接近了，这样，你先下一点诚意金吧，给我几天时间，我去跟业主谈谈，如果几天后谈不到 335 万元，诚意金我分文不少全部退回给你。"这位客户听到要交钱，就有点打退堂鼓，赶忙说："这事我得回去跟丈夫商量商量，明天给你回电话再定吧。”

这位售楼人员在还价过程中有没有做错什么呢？

不管是一手楼销售，还是二手楼销售，在与客户谈判中放价（一手楼常见是放折扣）是一门艺术，需要掌握火候，在恰当的时候对恰当的人放价才会起到作用，否则，多半会表错意，错失良机。

要掌握售楼过程中的放价技巧，就要弄明白放价的目的是什么。一般来讲，如果在不能成交的情况下放价，既不会有任何结果产生，还会泄露自己的底价。因此，只有在可能成交的情况下才谈得上放价。放价的目的可以从以下两个方面来概括：

（1）结束游戏或者启动二度谈价

例如，业主底价是 350 万元，你开价 360 万元，客户还价 280 万元，凭我多年的地产销售经验，对于一套 350 万元的房子来说，280 万元和 360 万元之间差距太大，成交的可能性非常小。这时，你的放价就只能是零，告诉客户这已经是实价了。这样回答的好处有几点：一是让对方明白差距太大，没办法谈下去，没必要浪费大家的时间；二是如果客户想谈下去，必须以你的报价来还价，而不是你根据他的还价再进行还价；三是生意不成，也就没有必要泄露房屋底价。

（2）结束房屋交易

结束房屋交易是售楼谈价过程中放价的主要目的，也是我们在售楼中要时刻掌握的一个原则。不能成交的谈价坚决不放价，如果放价是以成交为目的的，则一定要找对人放价。很多人喜欢砍价，却没有决策权，一谈到要他下诚意金，这种人多半要回去考虑考虑，回去之后，与决策人一商量，决策人是一定要再次砍价的。因此，你对一个没有决策权的人过早地泄露底价，多半会在后半程受阻。就像上述第二位售楼人员犯的错误一样，在谈价之前没有搞清楚对方能不能做主，到了关键时刻，只能无奈地“纵虎归山”。

因此，放价一定要掌握“可成交”这个原则，对于不能成交的谈价，最好是“以不动制万动”，哪怕是变成“逐客令”都好，不要轻易地陷入对方还价后设定的游戏规则中，一定要主控谈价过程，以自己开价设定的游戏规则玩下去。

此外，在售楼放价过程中，还必须注意如下一些事项：

（1）放价不能过快

大多数人对太快得到或太容易得到的东西总是持怀疑态度，就像本章中第一位售楼人员一样，一下子把底价透露给客户，客户肯定不相信，并坚持压价，以至于无法成交。这里，我并不是说直率的个性不好，但要看用在什么时候，对什么人。人性本就多疑，在放价时，你的直率往往只能让你陷入困境。

在谈价时，一般要求“喊价要高，让价要慢”，当然，高是有限度的，如果太高，会让客户认为你没有诚意，甚至毁掉整个交易。

（2）要进行技术性坚持

一般来说，买家喜欢试探价格，如果一经还价就得到首肯的话，他一定会怀疑还有议价空间，觉得自己出价太高了。为了避免让客户产生这种心理，在客户还价后一定要进行技术性坚持，不管客户还价是在业主底价之上还是之下，第一个反应都应该是“太低了，猜想业主不会接受这么低的价格”。

对于客户的还价一定要有一个短暂、适度的坚持，这样做的目的主要有两方面：一是让客户不要轻易杀价，二是借机判断客户是否有诚意以及是不是决策人。很多时候，还不清楚对方是否是决策人就开始放价，到头来往往是“竹篮打水一场空”。

因此，在客户还价后要适度坚持，通过交谈测试客户诚意度是否够，是否可以做主，是否可以先交些诚意金，在获得充分信息后，再进行价格谈判，这样更有利于掌控谈判进程。

（3）不要“纵虎归山”

在售楼工作中，客户口头上答应以什么价格成交，事后又反悔的情况实在太多。这种没有落实到纸面的承诺往往经不起考验。因此，在谈价过程中，放价一开始就要灌输“诚意金”这个概念，并在恰当时候收取，切不可放完价了还是两手空空。

第56章　科学把控售楼成交边际效用的两大原则

经济学上有这样一个名词——边际效用，也被称为边际贡献，指消费者在逐次增加一个单位消费品的时候带来的单位效用是逐渐递减的。不同的人处于不同的状况，所产生的边际效用也会有所不同。在房地产销售过程中，客户对房屋的喜爱程度也是一样的，随着你陈述的好处与利益的增加，客户的喜爱程度在不断递减。因此，同一套房子如果让两个不同的买家来竞买，由于竞争者对房子的喜爱程度不同，他们愿意出的购买价也会有所差异，这并不是因为两个人的财力不同，而是因为他们两人对房子的喜爱程度不同。

在售楼过程中如何利用客户的喜爱边际效用呢？

一、不要过早开价

如果你去逛商场，看见一套非常漂亮的衣服，你走过去，售货员就在旁边观察你。你突然问道："这套衣服多少钱？"售货员答道："5000元，要不要试下？"可能以你目前的经济实力，你会觉得太贵了，连试的欲望都没有了，它到底合不合你的身，你穿上去是否漂亮或帅气无法知道，你可能会有种太贵了，不值得的感觉。

如果售货员一开始就让你试穿，让你在镜子面前欣赏自己穿上这套衣服后的"迷人"或"光辉"形象，并不停地指出这套衣服是怎样合你的身等，这时，你再听到这套衣服价值5000元时，虽然你买不起，也会觉得这件衣服真的很好，怪不得这么贵。当你有能力时，你可能会购买，或向朋友推荐。

这就是不要过早开价的原因。客户在购买房屋以前，一般都是经过较长时间的准备的，其购买力有一定的弹性，如果你还没有完全让他清楚你所推荐的房屋所带来的利益和好处，就轻率地告诉他价格，可能也会像卖衣服那样，让他感觉太贵了，不值得，让他对你推荐的房屋产生抵触情绪。当你再向他陈述这套房子能给他带来的利益和好处时，他可能已经没有心情听下去，自然也就体会不到这套房子为什么这么贵，贵的道理是什么了。

二、把握客户的喜爱临界点

在购房过程中，如果出现了较多的购买竞争对手，或者有紧迫感时，最容易提升客户对该套房子的喜爱程度，这时，在他的心理承受范围内会迅速拉升成交价格。一旦竞争对手或紧迫感消失，这种喜爱程度就会迅速降低。因此，专业的售楼人员一定要把握住客户的喜爱临界点。当客户还价等于或高于业主底价时，一定要抓住客户，不要给他太多的时间考虑，否则夜长梦多。

有一次，一位售楼人员跟一位客户谈价，售楼人员开价 320 万元，业主底价是 300 万元，业主第一次还价 295 万元，第二次还价 300 万元，刚好到价。这时，售楼人员忘记要买家承诺，还一个劲儿地说 300 万元，这么便宜怎么可能呢，坚持说业主底价是 320 万元。结果，这位客户说："既然差这么多，我回去考虑两天再说吧。"说完就离开了现场。结果，两天里没有任何消息。这下把这位售楼人员急坏了，主动打电话告诉买家，说业主同意 300 万元出售，可这时，这位买家的喜爱程度已明显下降，提出最多愿意付 290 万元，一宗眼看到手的买卖就这样砸了。

因此，买家的喜爱程度一旦和购买条件匹配，要立即采取相应措施，达成交易，切不可拖延，买家喜爱程度一旦下降，则会浪费所有努力。

成交篇

没有成交，一切都没有意义。在商业营销活动中，成交高于一切！把控成交关键点，将顾客“一网打尽”；识别成交信号，拿捏最佳售楼时机；运用销售必杀技，创造售楼奇迹，13 招售罄兵法，助你创造售楼神话。

第 57 章　如何强效捕捉买楼成交信号

在《梁山伯与祝英台》的“十八相送”情节中，祝英台一而再地向梁山伯发出“成交信号”，她站在水井旁边对梁山伯说：“水井里面不是有一个女的吗?”梁山伯傻乎乎地说：“不是两个男的吗?”由于他识别不出“成交信号”，错失良机，酿成千古悲剧。

任何买卖活动都是这样，销售人员要善于捕捉客户发出的成交信号，不然，会损失很多订单，房地产销售也不例外。

“二战”时期，高射炮手们在打击敌机的过程中通常是高射炮和重机枪两者兼用的。如果抓不准飞机的速度、高度及风速，炮手们只好用机枪扫射，直到耗尽弹药为止，但这样的命中率通常有限。

一个不能分辨成交信号的售楼人员也是这样，不是过早地进入成交阶段吓跑客户，就是太晚提出成交请求错失良机，还有些则不断地尝试成交行动，但由于时机把握不对，成交的可能性比较低。现代的高射炮手则完全不一样，因为他们的炮弹上都装有红外线探测系统，导弹射出后可以感应出飞机喷射的热能，并追踪这些飞机散发的热能，不管飞机如何翻滚、爬升，导弹都会紧跟不舍，直到击中目标。专业的售楼人员就要像导弹一样，有效辨别成交信号，然后紧紧抓住时机，促成交易。

成交信号就是客户想成交时，从语言、行为或表情上表现出的迹象。比如，当你向一位客户推销贵重项链时，客户打电话问他的朋友之前是多少钱买的，他的问话就是一个语言成交信号；又如，你向一个客户推销食品，客户不停地咽口水，这就是一个行为成交信号；再如，你向一位客户推销一套漂亮的衣服，他试穿时非常高兴，整张脸笑得像朵花，他的“笑”就是一个表情成交信号。有时，成交信号也会由几种组合在一起。

读懂成交信号的能力不是天生的。在现实生活中，的确有很多人具有一些天赋，如绘画、音乐、跳舞等，但这只是极少数人而已，绝大多数人需要通过学习、锻炼获得这种能力。正如没有人天生就是医生、律师、会计师或政治家一样，读懂成交信号也绝对不可能是与生俱来的本领，而是一种后天培养的技能。

一个专业的售楼人员应该如何培养自己辨别买楼成交信号的能力呢？

一、语言成交信号

客户通常通过反语、疑问等语句，以话外话的方式来表达自己内心的真实想法。如：

（1）客户把售楼人员说过的话重复一遍，有时会重复好几遍；

（2）客户询问付款方式，并重复；

（3）客户将你的楼盘与其他楼盘进行比较；

（4）客户询问交楼时间，并一再确认是否可以按时交楼；

（5）客户将你的楼盘（服务）与竞争楼盘（竞争对手）做各种具体的比较；

（6）客户询问市场上对你所卖的楼盘的某种非正面报道或消费者的感想；

（7）向你详细询问物业管理方面的细节；

（8）问你是否可以将该套房子保留几天，让他考虑考虑再做决定；

（9）客户主动向你要名片，并问什么时候打电话给你方便。

二、行为成交信号

通常使用“CHEF”方法辨别行为成交信号，C 表示脸颊（cheek）或下巴（chin），当客户开始用手摸脸颊、下巴，或者用手托住下巴时，表明他对楼盘已经很感兴趣，是一种满足或者喜悦的信号，你可以尝试发出轻微的成交邀请信号；H 代表手（hand），当客户两手轻轻地揉搓着或者一只手放在另一只手上时，也表示客户对楼盘有了兴趣；E 代表眼睛（eye），一个人的眼睛睁得越大，表明他听得越多，购买的可能性越大；F 代表友善（friendly），当客户突然变得友善起来，或把脚交叉，同时背往后靠，或突然安静下来，或点上一根烟深思时，都表示他喜欢上了这个楼盘。

此外，还有一些其他行为成交信号，如：

（1）在你与客户交谈时，客户身体前倾，更靠近你；

（2）客户反复查看你给他计算的楼价表和楼书等；

（3）客户突然停止摆弄手中的东西；

（4）当客户坐沙发时，整个人躺在沙发上，舒展身体；

（5）客户要求再看一次样板房，并仔细观察细节；

（6）客户要求再看一次楼（复看，通常指二手楼买卖）。

三、表情成交信号

（1）紧锁的双眉分开、上扬；

（2）眼睛转动加快，好像在思考什么，一副深思的样子；

（3）神情活跃起来；

（4）客户的表情认真、严肃，视线集中在楼价计价单或楼书上面，久久不移开。

第58章　如何推销铁路旁的待售房屋

当我们遇到房屋有明显缺陷的时候，如房屋位于铁路旁边、马路旁边等，应该如何去推销呢？

先看一下被称为“国际销售界的传奇冠军”，房地产业务员单年销售量吉尼斯世界纪录保持者汤姆·霍普金斯是如何推销铁路旁边的房子的。

当我（“我”是指汤姆·霍普金斯，本章下同，本案例引自其著作）在20世纪60年代中期拜访JBR地产开发公司的老板时，我已经有很长一段时间没有接触过房地产了，但这次拜访确实令我难以忘怀，这家公司当时刚刚在洛杉矶西北的Simi Vally开发了一片住宅区。这片拥有250幢房屋的住宅区售价为17950~19950美元。几年后，只剩下18幢位于罗斯利路边的房子没有售出，距离这批房子不远处有一道围墙，围墙之外便是铁路，一天24小时之内会有3趟火车经过。

开发商拒绝了我向他提出的担任此批房屋经纪人的要求，尽管我用一封封信向他“轰炸”，却徒劳无功。“我没有兴趣与一名房屋经纪人合作出售这批房屋。”他一再如此强调。当数月后我再次经过他在比弗利山庄的办公室时，他居然同意和我谈谈，由于这18幢房子无人问津，他很显然有点焦虑不安了。

他一开始就对我抱怨说：“你一定要我削价处理这批房子，这便是你们这些房屋经纪人最常做的事。”

“不，相反地，我建议你抬高售价，更重要的一点是，你会在这一个月内将整批房子卖出去。”我赶忙说道。

“它们已经在那儿躺了两年半了，现在你告诉我你会在一个月内将它们卖出去?”他不相信地对我说道。

“请允许我对你详加解释我会怎样做。”我接着说道，“就像你所知道的那样，先生，每当一名房屋经纪开放一间待售房屋时，人们便可在任何时间前往参观，可是我们不会这样做，我们将一批一批地展示这些房子，就在火车驶过的那个时候展示。”

“你疯了不成?”他大声吼叫，“我们之所以无法卖出这些房子，就是这该死的火车在作祟!”

“让我说完，我们准时在每天早上 10 点至下午 3 点开放房屋让人参观，这样势必引起人们的好奇心。我建议在展示的房屋前面挂上一个牌子，在牌子上面写‘此栋房屋拥有非凡之处，敬请参观’的字样。”我接着又说，“你将每户的价格抬高 250 美元，然后用这笔钱为每户购置一台彩电。”在那个时候，有一台彩色电视机是一件十分了不得的事，绝大多数家庭都还是黑白电视机。真是令人无法置信，开发商居然同意了我的计划，购买了 18 台彩色电视机。

在每次“参观”开始后的 5~7 分钟，火车会从罗斯利路旁边“隆隆”驶过。这样，在火车来到前，我只有几分钟对买家们进行推销。

“欢迎！请进!”我在门口招呼买家进来，“我要求各位在这个特别的时刻进来参观，是因为我们罗斯利路上每一栋房子都有着独一无二的特点。首先，我们听听看，然后你们告诉我听到了什么?”

“我只听到了冷气机的声音。”总有人这么说。

很自然地，我的问题也引发了听众相当好奇的表情。如果表情会说话，那一定是在说：“这里会有什么？这个人到底要做什么?”

“没错。”我回答，“但是如果我不提出来，你们也许不会注意到这个噪声，因为我们早已习惯了冷气机的噪声了。然而，我很确定当你们第一次听到它时，这个声音一定会引起你们注意，你会发现，一旦习惯了噪声之后，它们就不会对我们造成困扰了。”

我接着带他们到客厅，指着电视机并打开，将它调到正常的音量后说：“想象一下你和家人在这里看电视。”接着我等待火车驶过来，在火车驶过的 90 秒里，这座房子摇晃着，每个人都很清晰地听到了火车的声音。

“各位，我要让你们知道，火车一天经过三次，每次 90 秒，也就是一天里只有不到五分钟有火车经过，我请各位问问自己是否愿意忍受这点小噪声——当然会习惯的噪声，来换得住在这栋美丽的房子中，并且拥有一台全新的彩色电视机?”

就这样，3 周之后，18 幢房子全部售出。

如果买家很明显知道房子的缺陷，就同案例中的房子附近有条铁路一样，或者我们平时遇到比较多的情况是房子就在马路旁边，这时，如果售楼人员避重就轻，不提这个缺陷，显然买家是不会满意的。买家们会想，怪不得业主要把这套房子放出来，原来这里有条铁路（或有条大马路)，肯定是业主忍受不了这里的噪声。

因此，遇到这种情况时，一定要先提这个缺陷，先让买家做点心理准备，待介绍时，买家会更容易接受一些。此外，你可以跟业主商量，让业主装上“换气窗”，现在市面上有隔音的“换气窗”，不但隔音效果好，更关键的是不用开窗就可以进行室内外空气互换。这样一来，买家参观时，原本在心里认为很吵的房子，就好像突然变得非常安静了。当然，即使业主没有装，你也可以用语言跟买家描绘这种“换气窗”的功效，让买家憧憬装上“换气窗”后的效果。这样，他就容易接受房屋临马路等缺陷了。

第 59 章　原来这样闭嘴，就可以卖出房子

有一次，记者采访爱因斯坦，问他成功的奥秘是什么。爱因斯坦告诉记者：“成功＝X+Y+Z，其中，X 代表工作，Y 代表开心，Z 代表闭嘴。”由此看来，沉默是通往成功的关键，从人际沟通或谈判等现实情况来看，也的确如此。

有一次，我跟同事一起与一位姓张的律师签订《认购承诺书》。一上来，我就开始解释这份《认购承诺书》的意义及条款，但我发现这位张律师一直低着头看《认购承诺书》，根本没兴趣听我讲。于是，我就停下来让他看。接下来就是可怕的沉默，足足十分钟，大家都不说话，我的同事难以忍受这种寂静，生怕冷场，正准备打圆场，我赶忙在桌子底下用脚踢他，示意他闭嘴。过了一会儿，这位张律师开口了，他一讲就讲了二十分钟，从条款谈到打官司。

等他讲完后，我就说：“张律师，你刚刚谈的对我非常有帮助，告诉你一个事实，你对协议条款比大多数人都更有思考力，是这方面的权威。但是，为了确保交易的公平，既要保证你的利益，也要让我们的权益有所保障，你认为这些条款如何呢？”他沉思了数秒钟，仅在承诺时间方面要求让步，就签订了这份《认购承诺书》。

一般来说，在与客户的沟通过程中，不少售楼人员的头脑里总有许多事要对客户讲，却忽视了客户的想法，如果刚开始客户对你的话题就

不感兴趣，交谈可能没办法继续下去。有些售楼人员总是自以为聪明，喜欢在客户没说完时就打断客户说话，他们往往急不可耐，不等客户说完，就开始品头论足，妄发议论，还没有搞清楚客户的意思，就想纠正别人，这是一种很招人讨厌的行为，常常令客户恼火，恨不得揍他一顿。其实，耳朵在交谈中的作用比嘴巴大得多，沉默往往是一种美德。要想沟通成功，捷径就是把你的耳朵借给别人，而不是把嘴巴借给别人。切记：雄辩中有智慧，沉默中更有艺术。

不少售楼人员脑子里存有这样一种错误的想法，认为沉默意味着缺陷。其实，恰当时间的沉默不仅是被允许的，而且是受客户欢迎的。恰当时间的沉默有时往往令客户感到放松，不至于总是被售楼人员催促而做出草率的决策。同时，对于售楼人员来说，客户的沉默总比客户告诉你“你稍等一下，我想考虑一下”要好得多。

如果你非要率先打破沉默，也不要用陈述的言语，而应改用提问的方法来打破僵局。

有一次，我带一位客户去看楼，这位客户比较内向，不爱说话，沟通的模式总是我问一句，他答一句，整个沟通有点像审查，非常不自然。更糟糕的是，他的回答很简单，每句话不会超过十个字，令我不知说什么好，经常无话可说，只好沉默相对，场面有点尴尬。后来，在问答中我了解到，这位客户是做建材生意的企业家，于是，我就问他：“建材这行竞争好激烈，听说进入这个行业是非常困难的，而且很考验一个人的胆识和魄力，你当时是怎么想到要做这个行业的？”这一问话，可打开了他的话匣子，他足足讲了一个多小时他的创业史，从当初如何艰难，到后来管理上又遇到什么瓶颈等，谈得眉飞色舞，完全换了个人。

其实，每一个创业者、成功人士背后都有辛酸的故事，每个人都有把这些故事告知别人的渴望。因此，在与这些人进行沟通时，最有效，也是最好的打破沉默的方法就是这句“你当时是怎么进入这个行业的”。

第 60 章　如何进入客户乐意买楼的三大频道

心理学家研究表明，一个人的亲和力的提升是有一定规律可循的。人们总是喜欢那些和自己类似的人，喜欢那些和自己衣着及仪表相似的人，喜欢那些和自己兴趣、价值观、意见、情绪类似的人。即使人们没有意识到这种状况，人们仍会喜欢那些和自己肢体语言相似的人，并且配合这种人的行动。因此，利用一些技巧后，我们并不需要经过一两个月或更长时间来提升亲和力，可以在 5 分钟、10 分钟内迅速提升亲和力。

从心理研究成果来看，以下几种通过模仿来提升亲和力的方法可以取得令人意想不到的效果。

一、情绪同步

情绪同步是指你要设身处地地进入客户的内心世界，从客户的观点、立场来看事情、听事情，或者体会事情。许多售楼人员都知道，每天面对客户时要保持旺盛的精力、充满自信、笑容满面。但是不是对待所有的客户都可以用这样的方式体现亲和力呢？

有时，你碰到的客户未必是笑容满面的，相反，有些可能很严肃、循规蹈矩、不苟言笑，若要在他们面前体现亲和力，进入其买楼频道，就必须表现得严肃一点，千万不可与他开无谓的玩笑；有时，你也会碰到一些比较随和、爱开玩笑的客户，如果表现出类似的特质，则较容易与他亲近。

有一次，我的一位下属跟业主、买家一起签订三方约，价格、交楼时间等条件都谈妥了，只有一个问题没有解决，就这个问题大家一谈就谈了半天，从早上九点谈到中午十二点半还是没任何进展，下属就请我出来帮忙。原来买家非常喜欢这套房子，比较了一个多月，终于下定决心购买。签合同时，他特意带上了妻子和刚从外地赶来的父母。业主是承建商的代理人，该房子是开发商抵债给承建商的。我们查册了房产证及相关资料，均没有任何问题。买卖双方对于价格、交楼时间也一致同意，但在付款方式上却出现了分歧。买家的父亲要求把房产证过户到他儿子名下后再开始付款（这种付款方式对业主不公平，也不符合正常交易手续，可能没有业主会接受这种方式），任凭我的下属怎么跟他解释，他就是坚持，并且说他的老乡刚刚买了一套房，就是这样办手续的。

我递完卡片后，简单了解了一下情况，赶忙跟买家的父亲解释为什么不可以这样做，交易程序是怎样的，我们要保证公平交易。没想到，买家的父亲越听越激动，竟然用手拍桌子说："不行！我老乡就是这样买楼的。"在解说的过程中，我发现原来签合同的是这位买家，而不是他的父亲，他父亲今天只不过是来看看而已，而且买家其实是明白交易程序的，只是他父亲坚持在一旁讲条件，他不好驳老人家面子。所以，看到买家的父亲拍桌子，我也跟着拍了一下桌子，朝他父亲说："不卖了，哪有这样卖楼的？"买家的父亲看到我拍桌子，可能没想到中介服务人员也会发火，也会拍桌子，于是退后两步，不吭声了。这时，我马上向这位买家道歉："不好意思！我刚才脾气没控制住，大了点，这样好了，等会我请你们吃饭，算给你们道歉。"然后，再跟买家谈购楼程序，没聊几句，他就把合同给签了。

这里我提醒一下各位售楼人员：你不能每一次都学我，如果没有充分把握住对方的情绪，这一招可能比较危险，而且一定要有后续的道歉工作，以稳定客户的情绪。

二、语调和语速的同步（表象系统原理）

人类是通过视觉、听觉、嗅觉、触觉、味觉五种感官系统来接收外界信息的，人的沟通主要通过视觉、听觉、触觉三种渠道完成。由于受到环境、背景及先天条件的影响，每一个人都会特别偏重用一种感官来接收处理信息。其中，倾向于视觉的人，我们称之为视觉型，这种类型的人喜欢用眼睛来感知周边世界，以视觉形象、图表的方式来记忆及思考，说话较快，常带有手势；倾向于听觉的人，我们称之为听觉型，这种类型的人喜欢用耳朵来感知周边世界，同时在行为或表达上喜欢使用明确的文字或信息；倾向于触觉的人，我们称之为触觉型，这种类型的人喜欢依靠经验或感受来接收或传达信息，说话较慢，经常说“我觉得”。

在与客户沟通时，如果要体现亲和力，就一定要与客户的语速保持一致，同时，所用的词汇类型要尽量趋同于客户的表象系统需要。

三、生理状态同步（镜面映像法则）

肢体语言是人类沟通时传递信息的一种重要形式，有效地模仿客户的肢体语言，也会体现你的亲和力。从镜面映像法则来说，客户看见你时，就像看见他自己一样，因此，当你模仿客户的肢体动作、表情时，他就会迅速接受你。

此外，在模仿时要避免双手抱胸（表示抗拒）与客户谈话，也不要背靠椅子（这样不容易让客户下决心购买），以及做出其他一些传递负面情绪的姿势，即使客户做出这样的姿势，也不能模仿。

第 61 章　如何利用电话提高售楼成交率

对售楼人员来说，电话是联系客户的重要工具，一般的售楼人员认为打电话是一件很简单的事情，从未想过要学习其中的技巧。可要是仔细计算一下，假设一名售楼人员平均每天打 20 次电话，1 年就要打约 7300 次电话，10 年要打约 7.3 万次电话，30 年要打约 22 万次电话。如果一件事情一辈子要重复做 22 万次，难道我们没有必要研究一下其中的技巧，进行改善与提高吗？

我们为什么要使用电话呢？在什么时候使用电话呢？如何打好电话、找对人呢？如何利用电话拉近与对方的距离？如何利用电话有效聆听？如何利用电话进行有效沟通和说服？打电话时要使用什么技巧呢？

使用电话的好处是非常明显的，当然这里说的电话包括现在使用更为广泛的微信电话。首先，打电话可以节省时间、精力，不用非得等到与客户见面再沟通，电话的存在拉近了我们与客户之间的物理距离，这比任何一个时代都更有效率；其次，打电话是一种非常好的联络感情的手段，由于效率的提高，我们可以在任何必要的时候与客户保持联络，比如，在节假日、生日等具有特殊意义的日子，可以给予客户问候，增进感情；再次，当难以接近客户时，用电话可以达成目的；最后，有些不方便现场交流的问题可以在电话里说。

“对不起，我很忙”“谢谢！我们考虑考虑再给你电话”“不好意思，我们的房子不卖了”……也许你在给客户打电话时会遇到诸如此类的委婉拒绝，面对这些拒绝的时候，首先要思考两个问题：一是我们打这次电话的目的是什么、是否达到目的了？二是客户是否对我建立起了足够的信任？一般来说，每个时间点打出去的电话目的都会不一样，在打电话的过程中一定要把握住沟通目的，围绕沟通目的展开交谈，寒暄之后要回到主题上。

以售楼人员与客户沟通的目的来说，主要在于了解客户的状况、增进客户对楼盘的了解以及增强客户对你的信任。在电话中不需要谈及太多价格方面的信息。在二手楼交易中，由于成交价格是由买卖双方在经纪方斡旋下决定的，其结果的特殊性使得经纪方必须在电话中与双方展开价格谈判，但要记住一点，最好的成交价格不是在电话中谈成的，哪怕是业主或买家在电话中已经答应的成交价格，由于没有落实到文字上，事后仍有可能产生变数。此外，哪怕在电话中买家出价与业主底价之间有一小段距离，见面后仍有可能促成交易，关键是见面后你如何跟买家或业主谈价。因此，打电话的最主要目的是促成见面并增强对方对你的信任。

在打电话的过程中如何增强亲和力呢？在楼盘销售中，建立信任永远是最核心的内容，与客户打电话进行沟通更是如此，在没有任何身份证明，也没有任何契约的情况下，仅仅通过声音就与客户建立起强烈的信任，这无疑是件非常困难的事情。

因此，在与客户进行电话沟通时，首先，要有自信心和耐心，售楼人员必须要对自己的公司、楼盘拥有足够的信心并对客户提供长期服务，有长期跟进的心理准备，而不是打一两个电话不成功就放弃；其次，礼仪是电话销售的基础，电话礼仪最重要的就是控制声音和表情，并杜绝无效沟通的发生，良好的声音能够让客户心情愉悦，售楼人员必须很好地掌握与运用同客户电话交流时的声音，这些完全可以通过训练实现；再次，在电话沟通中尽量避免使用否定字眼儿应付客户的疑问，例如，有一些售楼人员在接到客户咨询电话的时候，会用“不知道”“不明白”“这个人走开了”等语言来搪塞，这些话不但会削减客户购买楼盘的欲望，还会损害公司形象；最后，必须把握适当机会赞美客户，真诚的赞美是拉近与客户距离的最好方式。在电话沟通中，声音是最好的赞美，只要售楼人员细心聆听，就能够通过声音掌握客户很多方面的信息，比如年龄、教育程度、做事情的态度等。

在使用电话沟通时需注意如下一些事项：

①明确沟通目的：为什么打电话，需要达到什么样的效果。

②准备纸笔，便于记录。

③做好心理准备，将自己调整到最佳状态，心情愉快而开朗。

④将要说的话写在纸上。

⑤选择相对安静的环境，以免客户听不清而烦躁。

⑥选择一个让自己舒服且易于表达的姿势。

⑦面带微笑，微笑是可以传染的。

⑧让自己的声音富有魅力：语调亲切，用真诚感染对方；语速适中，快慢得当；吐字清晰，语言简练；语气丰富，音量适中。

⑨让对方先挂电话。

⑩在铃响两到三声时接电话。

⑪使用礼貌用语。

⑫电话预约看楼或要求客户来公司时可用二选一法敲定时间。

⑬沟通中多用肯定句，少用疑问句。

⑭拒绝时要委婉坚持，不要纠缠不放。

⑮即使不成功，也要有礼有节，为下次联系留出余地。

⑯第一次通电话应礼貌、平和，消除陌生障碍，展现出正式且稳重的风格，以减少对方的戒备心理。

第 62 章　练就售楼交易临门金脚的奥秘

足球比赛中有两个关键点：一是要把球带到对方球门前，二是要把球踢进去。其实，销售工作也有两个关键点：一是把产品卖出去，二是把钱收回来，如果套用到售楼工作上就是售楼人员先要把楼盘介绍出去，再从客户那里把钱收回来。

在这两个关键点中，似乎把楼盘介绍出去相对容易，要从客户那收到钱是一件困难的事情。每当你要求客户下定金或诚意金时，客户总是有这样那样的理由或借口，就是不让你从他的口袋里取走一分钱。这与踢足球颇为相似，把球带到对方球门前并不是那么困难，但要把球踢进去，这临门一脚总是那么让人无奈。因此，无论是运动员还是售楼人员，当自己面对临门一脚时总是倍感压力。

售楼的确不是件容易的事，磨炼出开发客户、捕捉购楼需求、介绍楼盘以及解除抗拒的能力之后，仍要面临结案成交的关键环节。即使经验丰富的售楼人员，也无法让客户买楼变成一件非常轻松的事情。然而，如果你承认售楼是件辛苦的事，靠售楼谋生则会轻松许多，这样你就不会再抱怨客户挑剔，不会再对市场的变化感到无奈，也不会再为客户的拒绝感到恐慌。当你不期待卖楼就像卖白菜那样轻松时，大部分的售楼压力就会随之而去。

试想一下：假如你不是在售楼，而是在快餐店工作，你站在柜台后面进行销售，顾客走到你面前成交的概率有多大呢？答案是100%。如果有人带着小孩从门口直奔你而来，他买东西的概率有多大呢？答案也是100%。但你要想一想：在快餐店工作的工资是非常低的，因为销售产品相对容易时，获得的回报势必不会高，所以不论一个快餐店的员工做得多好，他也不可能赚到超过快餐店愿意付给可以替代人员的最低工资。售楼工作则不一样，其结果具有不确定性，我们不能保证每一位客户都会买楼，正因如此，开发商以及代理公司的老板们才会愿意付给售楼人员相对高的报酬。

在这种情况下，我们不应该抱怨售楼工作多么难，相反，我们应该庆幸正因为售楼不是一件轻松的事，才让这个行业里不会充斥着门外汉，也才不至于让我们的收入缩水。所以，面对售楼压力，我们应怀着感激和兴奋的态度去迎接，这样许多压力就会化为乌有。

面对售楼压力时，如果能够及时调整心态，将会大大推进售楼工作。虽然我们能够从容地面对售楼时的成交压力，但客户还是一如既往地行使他们拒绝的权利。如何消除售楼过程中最后的异议，达成交易，还需要我们熟练运用相应的技巧。以下两种方法将助你踢好临门一脚：

1. 感觉—以为—发现

感觉—以为—发现（Feel-Felt-Found）是一种逐渐改变客户看法，接受新思维的对话技巧，具体的实施分为三个步骤：

（1）“我理解你的感受。”以这句话作为开头处理客户的最后异议，可以让客户觉得你听懂了他的话，从而与你产生亲近感，消除敌对情绪。

（2）“最初，其他人（名人/名流、知名机构、相关政府机构人员、亲戚朋友、客户熟悉的人等）也都是这样认为的。”这句话可以让客户知道他们的想法是普遍存在的，当然，用“最初”两个字也意味着情况是可以改变的。

（3）“然而，他们发现X后的结果是Y。”X是售楼人员希望客户做的（购买楼盘或当时下定金等），Y 则是客户购买楼盘后会获得的某种好处，这种好处恰恰是客户强烈关心的。

其他人改变了当初的想法，做了售楼人员建议他们做的决策，而他们对最终的结果极其满意，以此为论据，认定客户需按售楼人员的建议做决策。例如，客户觉得楼价高了一点，他们或许会说："这个价格高了点。"你可以这样说："哦，先生，我理解你的感受，刚开盘时，也有不少人像你这样认为，觉得我们的楼盘价格贵了点，但后来他们比较了附近所有楼盘，无论从质量还是装修标准，配套还是外部环境，开发商实力还是品牌知名度上看，我们楼盘的价格都是非常合理的，并且绝对经济实惠，而且这一期的很多房子都是房管部门的工作人员购买的，你还不相信他们的眼光?"

2. 回想策略

回想策略（Recall Strategy）是从客户的视角、用客户的语言帮助他们继续向前，直至达成交易。

例如，客户在听完你的楼盘介绍后说："这个楼盘好是好，但贵了点。"此时，回想策略可能对你有帮助，你可以这样谦恭地回答："先生/小姐，记得你刚才提过，买楼是一辈子的事，对于买楼来说，楼盘的质量非常重要，真的是这样吗?"对于自己刚才说的话，对方一般会以肯定的语气来回答。于是，你就可以跟他谈论楼盘的质量了，最后告诉他/她，这个楼盘较其他楼盘贵一点，但是要使用 70 年，70 年就是 25550 天，拥有一个质量这么好的楼盘，每天多投资一块多钱，是非常经济实惠的。

第63章 强效解除七大典型成交抗拒的创新方法

当你接待一位买楼客户时，这位客户在未来24小时内将有约100800次心跳，血液将流过约288000英里，呼吸约23040次，使用了约90亿个脑细胞中的700万个；同时，他将会说约4800个字，其中约3200个字是关于自己的，和你或你的楼盘以及你的服务无关，除非你可以把他的情绪带进你的楼盘介绍中。

绝大多数客户不会直接对你说“不”，因为他们常常觉得说“不”太过于绝情了，会终止彼此的交情；相反，他们经常会用“我考虑考虑”或者“我回去商量商量”等托词，以免说出“不”，他们宁愿撒点“善意的小谎”，也不愿说“不”。这时，专业的售楼人员则要发挥自己的创意，利用好人类这个不愿意说“不”的特点。

有一次，我向一位客户销售一套市中心的住宅，客户多次强调价格太高了，买郊区的房子可以便宜三分之一。于是，我对他说：“我非常理解你的想法，郊区的房子的确便宜一些，可是你考虑过这个问题没有，住在郊区一个月只有29天啊！”这位客户非常惊讶且不解地问道：“这话什么意思，住郊区一个月才29天？”引起他的注意后，我接着问他：“住郊区上班最少得多花半个小时，下班回家也得多花半个小时，每天最少多用一小时，是这样吧？”他默认我的观点，我又接着说：“一个月工作20多天，光多用在路上的时间就有一天多，一个月就少了

1 天，只有 29 天了，一年就少了快半个月。”接受我的观点后，他充分权衡，最终选了我建议的这套市中心住宅。

专业的售楼人员要时刻发挥自己的创意去应对客户的反对意见及拒绝，如果售楼人员不具备这种能力，再好的机会都抓不住。客户的反对意见及拒绝是多种多样的，在这里列出常见的七种借口及应对方法。

一、嫌楼价太高

“价格太高了”“我没有那么多预算”“我在其他地方可以买到更便宜的房子”等，做出这种回答，有可能是客户真的买不起。因此，做一些试探是有必要的，如果客户说的是实话，那只能介绍价格低一点的房子。

有时客户说出这些话并不是真的认为太贵了，而是要争取更大的议价空间，这时，可以使用这样一些话术。

客户：“这套房子的价格太高了。”

售楼人员：“是的，我和你的看法相同，这个价格有点高，但是王小姐，你就是定这个价格的人啊。”

客户：“我定的价，这是什么意思?”

售楼人员：“事实上，你和其他想买房子的人为这个房地产市场定了价。举个例子，99%的要买房的人突然停止买房，我可以保证不出半年房价就会下跌。但是，房价一下跌，大量买家又会迅速回到市场里，房价又会重新上涨，所以，房价是由买家决定的。正如你知道的，房价是一路上涨的，相信 1 年或者 10 年后，当你准备出售这套房子时，房价将比现在还高。如果今天你决定购买这套房子，就可以享受房价上涨带来的利润。”

二、要回家跟太太（先生）商量

避免这种借口的出现，最好的办法是搞清楚决策人是谁。例如，有些年轻人购房，首付款需要家里人提供，做决策肯定需要征得家里人同意。因此，在要求客户下定时最好要求决策人一同前来，这样可以最大限度地避免这类回答的出现。

有时，遇到这类回答，可运用一些话术。

客户："我得回去跟太太商量一下。"

售楼人员："好吧，不过为了留住这套房子，咱们还是先把这份协议签了吧，然后你回家跟太太讲一下或者带太太过来，要是她反对的话，你可以把定金拿回去。"

大多数情况下，这种交易都能顺利进行下去。如果客户没有签字付定金就走了，售楼人员大多会失去这笔交易。因此，让客户签字有时会起到较好的效果。

三、说自己有朋友是做房地产的

遇到这种情况，售楼人员可以这样问客户："你是喜欢到朋友那儿买楼呢，还是要考虑什么对自己有利呢？"一般来说，大多数人都会选择后者，他们不会因为是朋友而掏钱买一些不太好的楼盘。接着，你就可以向客户介绍你的楼盘的好处以及给他带来的利益。

四、说只是想随便看看

当你发现有客户在门店门口的盘源架前驻足观看时，你走出去询问："先生/小姐，请问有什么可以帮到你？"有不少人会说："随便看看。"这时，如果你没有有效应对措施，他们通常会迅速走掉。

如何让客户进店详谈，发现其需求呢？你可以设计这样一些话术。

售楼人员："先生/小姐，请问有什么可以帮到你？"

客户："随便看看。"

售楼人员："我昨天刚收到一个盘，业主急着出国，不知你有没有兴趣了解一下？"

爱贪小便宜是人的天性，所以，大多数情况下，他们都会跟你进店详谈。当然，你手头必须有一两个较“笋”的盘，这一招才会有效。

五、要拿一份楼书（资料）回家考虑考虑

客户做出这种回答显然是你没有说服他下决心购买，如果你真的给客户一份楼书让他回去考虑的话，很有可能会失去这次机会。所以，当客户提出类似要求时，你要再次向他推销你的楼盘。

遇到这类回答，你可以运用这些话术：“好吧！我很高兴为您提供这个楼盘的楼书，不过，要是楼书能代替我的话，我就该失业了。如果您现在有什么不清楚的地方，我就在这儿等着您提问。能告诉我您有哪些地方不太清楚吗?”如果此时客户提出疑问，你可以趁机说服他。

六、说没带钱，无法下定金/诚意金

不少客户会以“没带钱”或“钱不够”为借口说自己无法下定金或诚意金，如果这时你让他回家，他很有可能再也不回头了。人们虽然常常嘴上说没钱，但实际上两手空空出门的情况很少，因为现在各种电子支付很普遍，有人还有随身携带银行卡的习惯。这时，售楼人员可以采用“百鸟在林，不如一鸟在手”的策略，能收多少定金/诚意金就收多少，可以多次暗示。

如果遇到客户真的没带钱，也可运用这些话术：“先生/小姐，我跟您一样，也经常忘了带钱。”让客户情绪平静下来，然后可以接着说：“其实您的承诺比金钱更能说明问题。”接下来，便可以要求客户在认购书上签字。

七、说这套房子跟之前看的没多大区别

客户通常会拿之前看过的房子跟你推荐的房子做比较，这时你可以

这样回答："是的，它们是有点相似，但我也告诉您，我和我太太也很相似啊，我们都有两只手臂、两条腿和一个脑袋，但还是有很多差异。说老实话，就是这些差异把我们凑到了一起，让我们还继续在一起！没错，这套房子跟您提到的那套是有点相似，但也有很多差异，这些差异足以让您享受更好的生活。"这时，客户多半会被你逗笑，然后你再跟他解释差异所在。

第 64 章 “为什么”在售楼成交中的魔力

你是否还记得自己小时候特别爱问“为什么”？如果没有印象，那你一定有跟小孩交往的经历吧，他们是不是也经常用一连串的“为什么”问得你哑口无言呢？

“为什么”这三个字通常可以让我们知道一件事情产生的原因，凡事我们都多问几个“为什么”总是错不了的；多问对方几个“为什么”，就能够让对方很快露出底牌；多问自己几个“为什么”，则可以找到成功售楼的方法。一旦领悟“为什么”的力量，售楼工作立即变得轻松起来。

一、用“为什么”探寻客户的购买障碍

就像小孩子追问“为什么”一样，当你不停地问客户“为什么”时，隐藏在客户心中的疑虑就会暴露无遗，你就能够寻找到客户心中真正“害怕”的是什么，抗拒点在哪里，从而采取有效的办法解除客户心中的疑虑。

例如，客户说：“我觉得这套房子的价格太高了。”你可以这样问他：“为什么你会觉得这套房子的价格太高了呢？”客户可能会列举种种原因，一个专业的售楼人员会根据客户的回答有效地化解他们心中的

疑虑。有时客户说“太贵了”“价格太高了”只是随便说说而已，如果真是这样，他们可能会用一些更合理的理由。当你再多问几个“为什么”时，他们就会逐渐说服自己，告诉自己这套房子价格不高，因为客户在不停编造理由的同时，会认识到事实并不是这样的，从而在潜意识里说服自己。

有时客户会对你说的话产生误解或怀疑，但出于情面上的考虑，一般不会当面说出来，只是用不同的借口来拒绝你的要求。这时，你多问几个“为什么”，也可以让客户道出其“怀疑”，从而找到他们“怀疑”的真正原因，进而采取相应的办法解除客户的误解或怀疑。

二、用“为什么”引起客户的兴趣

在培训宣传语里我喜欢用这样一段话：“为什么有些人的售楼业绩是你的两倍，甚至十倍、百倍？难道他们比你聪明两倍，甚至十倍、百倍吗？假如不是，难道他们比你努力两倍，甚至十倍、百倍吗？如果也不是，那为什么他们的业绩会比你高这么多呢？也许你并没有做错任何事，但你想不想了解他们做对了什么？”

看完这段话，你是不是对我的培训课程很感兴趣呢？在售楼工作中也可以用“为什么”来提起客户的兴趣，同时，用“为什么”能使客户更加在意你的解释，从而起到增强说服力的作用。例如，同是上面这个例子，客户说：“这套房子的价格高了点。”售楼人员说：“先生/小姐，很多客户一开始都有您这种感觉，不过，他们认真比较后还是选择了我们这个楼盘，您知道为什么吗？”这时，客户通常会渴望知道“为什么”，并认真倾听你接下来的解释，这时他们也比较容易被说服。

三、用“为什么”寻找成功售楼方法

成功学上有一句名言，“失败不是成功之母，检讨才是成功之母。”的确是这样，如果一个人失败了不检讨失败的原因，下次还是重复以前的方法，也只会得到以前的结果。在售楼工作中一定要多问自己几个“为什么”，不断地总结经验，寻找新方法。

第 65 章　你了解房屋成交中的买点策略吗

在一场盛大的房地产中介公司年会上，主持人介绍了这样一位经纪人，主持人说："他去年的房地产销售业绩是人均业绩的两倍。"主持人以为大家会报以掌声，但大家只是静悄悄且疑惑地看着这位经纪人，不明白主持人为什么要这样隆重地介绍一个业绩中上的经纪人。主持人接着说："他双目失明。"大家听后报以雷鸣般的掌声。当掌声停止后，主持人问道："你是一个残疾人，如何创下销售奇迹？"这位经纪人说："我不是残疾人，我有其他经纪人没有的优势，那就是我看不到我的客户，所以，我得用客户的眼光来卖房子，而其他经纪人看得到他们的客户，他们大多用自己的眼光来卖房子。其实，他们也可以用客户的眼光来卖房子，提供更好的服务，取得更好的销售业绩。"

很多人不理解客户的心态，而这位经纪人成功的奥秘就在于他能够设身处地为客户着想，能够站在客户的角度想问题，客户对他的信赖感就会迅速加强。

试想，你是一位客户，本想买一套 300 万元的房子，不想多花一分钱；或者你本来只想买套 80 平方米的房子，可你遇到了一位超级售楼员，结果他让你买了一套 400 万元的房子或者一套 150 平方米的房子。当你坐在宽敞明亮的房子里，看着窗外的美景时，难道你就能忘了每个月需要额外支付的那笔沉重的供楼费用吗？

作为专业的售楼人员，关键的不是你能用花言巧语说服客户做一些他们本来不想做的决策，而是实事求是地为他们着想，从他们的实际需求出发，这样才能赢得客户的心。你要推销给客户他们想要的楼盘，而不是你认为他们想要的楼盘。客户有客户的实际情况及对楼盘的要求，你不能把自己的想法强加到客户头上，或者把自己认为满足客户需要的房子硬销给他们。

在实际销售工作中，很多售楼人员都习惯以自己的主观猜测来推断客户想要什么样的房子，而没有站在客户的立场设身处地地了解他们想要的是什么。

有一次，我的一位下属向一位 60 多岁的买家推荐一套老城区的旧别墅，该别墅共两层半，其中顶层是半层违章建筑，一共 320 多平方米，总价不到 250 万元，即使不算违章面积，每平方米的单价也是比较便宜的。于是，这位售楼人员就以“便宜、经济、实惠”为卖点，一个劲儿地向这位长者推销，可是他的方法并不奏效，最终没有成交。

后来，这位长者道出了其中的原因，他说：“年轻人，便宜有什么用，我不是没有钱，到现在这个年纪了，我不缺钱。说实话，这套别墅我是真有点喜欢，可我担心的是，我买了之后城管要求拆除楼顶的那半层违章建筑，那样就很麻烦，再说也不吉利。”

原来，这位长者的诉求不是要便宜的房子，而是要求安全、放心、省心，而这一点正是这位售楼人员忽略的，其结果就可想而知了。因此，我们要利用客户的眼光卖楼，关键就是要站在客户的立场考虑问题。

任何手段或小聪明只可能让你获得一时的成功，但要赢取客户的心，获取长远的成功，一定要设身处地、将心比心地为客户着想，以客户的眼光来卖楼。

第66章　颇具争议的善意引导式成交艺术

《纽约时报》报道了一则新泽西房屋买卖个案。罗威是这套房子的主人，他决定卖出这套位于新泽西的两居室，于是，他找了中介代理公司帮忙。中介代理公司是这样帮他做广告的："舒适大房，牧场环境，有火炉、车库、花砖浴室、热水器，离洛特格尔营区、运动场、高尔夫球场与小学都很近。"但3个月过去，经手了5家中介代理公司还是没有把房子卖出去，似乎这套房子没人喜欢。

虽然如此，但罗威太太坚信她的房子一定可以卖出去。于是，她决定自己刊登广告。她是这样刊登广告的："我们想念我们的家！我们很高兴住在这里，但是两个卧室对我们来说太小了，因此，我们必须搬家，假如你喜欢从窗子欣赏秋天的树林时有火炉的温暖伴随左右；假如你喜欢绿树成荫的夏季庭院，喜欢能看到落日的冬日，喜欢安静得可以听到蛙鸣的春季，这里都可以实现，同时能够享受城市的便利。你会喜欢并买下我们的房子，我不要它在圣诞节时空荡寂寞。"隔天就有6个人来看房子，其中一人买下了它。

罗威太太在一天内卖出了5家中介公司3个月都没卖出的房子，她运用的方法与中介公司到底有什么不同呢？

其实，中介公司广告中提及的"舒适大房，牧场环境，有火炉、车库、花砖浴室、热水器，离洛特格尔营区、运动场、高尔夫球场与小学都很近”都是实情，是房子固有的特性，但人们买房子时需要的往往不是这些特性，而是这些特性能给他们带来的好处和利益，正如罗威太太自己在广告中描述的各种画面。如果我们斟酌罗威太太的这段广告词，从第一句开始，你就可以看到快乐的一家人挤在一个漂亮的房子里的场景。这套房子本身没有什么大问题，只是小了点，罗威太太用短短的150 多个字描绘了多个场景，这些场景正是这套房子带给买家的好处和利益，也让罗威太太在一天内顺利地售出这套看似没有人感兴趣的房子。

因此，在售楼过程中不要一味地介绍房屋特性，而应介绍房屋特性带来的好处和利益，正确引导客户想象拥有你推荐的房子后的好处及利益，以及一旦失去这次机会可能带来的恐惧。当然，我们要进行善意的引导，要注意“善意引导”与“欺骗”是不同的。善意的引导（Friendly Control）是基于客户的真实需求的引导，不能带有欺骗的成分，在销售中一定要注意两者的界限。有时，适当地让客户感受一下失去这次机会可能带来的恐惧，会比让客户感受拥有后可以得到的好处及利益更有效。

一位加油站的服务生准备向驾驶员推销更多的汽油时采用了这样一种方法：当服务生举起油枪检查油量时告诉驾驶员：“你需要加 50 升油。”驾驶员赶紧从驾驶室钻出来问：“什么？要 50 升油？难道我的车一点油都没有了吗？”这时，服务生说道：“你的油脏得吓人，你应该在你的发动机被这种脏油毁坏前换掉它，这只需要花费你几分钟时间，你便可以上路。”

“发动机被这种脏油毁坏”正是不换油可能产生的恐惧，而给客户描绘这种恐惧往往比描绘换油给车带来什么好处有效得多。因此，在售楼过程中你也可以适当地制造一些紧张感，让客户感受到你推荐的这套房子是比较难得的，让他害怕失去这次选择的机会。

有一次，一位二手楼售楼人员带客户去看一套三房，这套房子是钥匙盘，即业主为了方便房地产经纪人看楼，把钥匙放到中介公司。在看楼过程中，客户特别仔细，看的时间比较长。结束时，售楼人员就问客户感觉怎么样，客户为了争取议价空间及谈判条件，虽然喜欢上了这套房子，却说："一般吧，我觉得楼层高了点，屋内装修太旧，采光不是很好……"总之，挑了一大堆毛病。这位售楼人员看到客户有兴趣，为了让他快点做决策，就决定制造一些紧张感。在送客户离开时，这位售楼人员故意不关门窗，只送客户到这套房子的大门口，并对客户说："不好意思，我不能送您了，我要在这里等一下我的同事，他们约了其他两个客户来看房子，我怕现在赶回公司碰不上他们，就在这等他们，实在不好意思。"

当售楼人员估计客户快到家时，就打电话催促，让客户来公司"下定"，并取得了成功。其实，这位售楼人员制造"要等其他同事来看楼"的事件，就是要让客户感觉"不抓紧时间，就有可能失去拥有这套自己喜欢的房子的机会"，这种方法远比对客户描绘"早点决策会带来什么好处和利益"有效得多。

从两方面对客户进行善意引导：一是"拥有你推荐的房子后会带来的好处和利益"；二是"一旦失去你推荐的房子后可能产生的恐惧"。当然，有可能的话，可以适当地制造一些紧迫感，让客户对失去选择的机会产生恐惧。

第 67 章　什么是售楼最佳成交时机

有这样一则笑话：一个小伙子认识一个小姑娘很长时间了，非常谈得来。一天下午，小姑娘突然问小伙子想不想尝一下口红的味道？可怜的小伙子竟然把小姑娘的半支口红都吃掉了，还说味道很一般。试想，如果让这位小伙子来你公司卖楼结果会怎样呢？相信大家一定会说："很惨。"因为，这么明显的成交信号都识别不出来！

一、什么是售楼最佳成交时机

"什么时候是成交时机？所谓的最佳成交时机怎么判断呢？"在培训中我经常被问到这样的问题。很多人认为在售楼初始阶段就要提出成交请求，但实践证明，提出成交请求不能太早，也不能太迟，该出手时就出手。太早了，可能客户对你及你推售的楼盘没有建立足够的信心，也没有充分的了解，不敢贸然做决定，甚至被你的要求吓得逃之夭夭；太迟了，则好像搁浅在沙滩上的鱼，潮涨时可以自由自在，一旦潮退，则只能任人摆布，这时，客户不是买了其他楼盘，就是对你推售的房屋心灰意冷。

售楼最佳成交时机是客户买楼欲望最强、最渴望拥有你推荐的房子的时刻，也就是各方面条件都成熟的时刻。在成交过程中，客户的心理会发生一系列极其复杂、微妙的变化，包括对房屋面积、价格等的想法及如何成交、如何付款、如何交楼等问题的猜测，它在很大程度上决定交易的成败。

二、如何掌握售楼最佳成交时机

培训中经常有人问我："什么时候或者什么情况表明最佳成交时机到来呢?"这不由让我想起一个经典的对话场面，一位主持人现场采访一位著名的股市分析师："什么是最佳的买入、卖出时机?"这位股市分析师回答："最佳卖出时机是股票价位最高的时候，当然，最佳买入时机则是股票价位最低的时候。"要我回答这个问题，我想最好的答案当然是："售楼最佳成交时机是当客户最渴望购买你的房屋的时候。"

每一宗房屋买卖都是在不同的情况下达成的，并且大多数情况下买主都是不同的，他们在做决策时传递出来的信号自然会有所不同。要把握售楼最佳成交时机，必须在房屋销售过程中仔细观察客户的表情及言行，当这个最佳时机到来时，客户的表情和言行会传递出相应的信号。例如，客户将其他楼盘与你推售的楼盘进行比较；二手楼买卖中买家要求复看或还价等。

把握售楼成交信号只是把握售楼成交时机的一个结果，真正要把握住成交时机则要把握住成交前的"建立信赖感""需求探寻""楼盘推介"各个销售环节。如果只是一味关注成交信号，而疏于上述各个销售环节，所谓的成交信号是不可能出现的，更谈不上什么把握了。因此，要把握好售楼成交信号，就必须把握住售楼过程中的每一个环节，只有这样，才能游刃有余地促成交易。

第 68 章　让客户不好推托的成交艺术

“给我一张名片吧，等我考虑好后联系你。”

“我先把这份资料拿回去考虑考虑，我会给你打电话的。”

“我很忙，过两天再说吧。”

“我得回去仔细研究一下。”

“不好意思，明天再谈吧。”

上述这些话是不是很熟悉呢？在你向客户发出成交请求时，是不是经常听到类似的推托呢？如果你信以为真，那就很可能失去这次机会，因为人们的购买冲动常常是稍纵即逝的。客户们总是希望骑墙观望，不肯当场拍板。客户到底为什么会推托呢？当你对客户的需求进行准确把握，并对楼盘的利益及好处进行详尽推介后，如果他们仍然不肯做决策，那肯定是有某种原因使得他们犹豫不决。

人类的天性是不爱冒险的，很多时候推托是感到不安、不保险，他们不愿意立即做购买决策，是因为不愿意冒犯错或后悔的风险。大概没有人会在明知是正确选择的情况下推托吧？人们之所以推托，仅仅是因为他们缺乏决策的信心。

如何让客户对决策充满信心，对成交请求不好意思推托呢？

一、情绪的传递

情绪是有感染力的，正像你的热情一样，迟疑和果断的情绪同样可以感染客户。在售楼过程中，如果售楼人员缺乏信心，就会在提出成交请求时因无法承受客户的反对意见而支支吾吾，担心客户说出拒绝自己的话来。疑虑一旦出现，就会在售楼人员的眼神、话语、肢体动作中暴露无遗，有时候可能表现得不是十分明显，可客户还是会捕捉到这些动摇的信号，从而让自己也犹豫起来了。

相反，如果售楼人员非常自信、果断地告诉客户这正是他需要的楼盘，他们需要立即做决策，那么这种果断的情绪也会感染客户。你可能会注意到，不同的售楼人员对客户说的话基本一样，但是因为说话的语气、语调不一样，产生的效果也不同。

二、预先框视

预先框视的主要作用是事前找出买房决策人，因为只有在决策人在场的情况下，交易才有可能达成，否则，没有决策权的人很难做出购买决策。

在房地产销售过程中，经常会遇到这样的看楼者，他们没有决策权，因此，“回去考虑”“回去商量”就成了他们常用的借口。当然，在这种情况下，让有决策权的人一起来是最好的选择。

在要求客户成交之前，要先弄清楚对方是不是决策人，可以在接触客户的过程中把这项工作做好。例如，可以采用直接询问的方法，问客户：“请问购房合同是由您来签，还是其他人签?”如果客户说由他自己签字，当你发出成交请求时，他就不好再用“回去考虑考虑”的借口了。

此外，你也可以用这样一些言语，让客户扮演决策人，从而不好意思推托。例如，在与客户的交谈中，你可以这样说：“今天，很高兴能和您谈话，和您这样一位年轻有为，又有能力做主的客人坐在这里讨论买楼，真是一件令人愉快的事。您可能不相信，有很多人因为太听老婆的话或别的什么人的话，而无法做出买房的决定。”一旦客户点头表示同意，那他就是一位决策人，即使不是，他的点头也把他逼到了决策人的位置上。当然，如果客户承认自己不是一位决策人，最好的做法是不要过早地发出成交请求，可以要求他把决策人一起带来看楼，在决策人在场的情况下发出成交请求，这样才能提高成交的可能性。

三、激发客户做主的意识

每个人都会感到自己很重要，无论是主观意识，还是潜意识，因为人都有这种天性。专业的售楼人员要合理地利用人的这种天性，毕竟，承认自己没有决策权、不能做主是一件让人尴尬的事。在销售过程中，你只要满足客户这种虚荣心，很多时候，他们都会成为决策人。

例如，售楼人员可以用这些话术，“我们这里有不少企业的老总或老板来看楼，所以我了解像您这样的高层管理人员的时间很宝贵，您同意我的观点，对吧?”一般情况下，客户都会点头示意，这时，售楼人员可以继续运用这些话术，“我也很珍惜您的时间，先生，为了节约您的时间，请您现在就授权同意吧”。这样一来，就让客户不太好推托了。

又如，对于一些女强人似的客户，可以运用这样一些话术，“我真佩服你们这些女强人，敢做出一些男同胞都不能做的决定，可以自己决定买什么样的房子，要知道，在我还没有从事售楼工作时，我是连看楼都不敢去啊”，以此激发她们做决策的欲望。

第 69 章　实现完美售楼的三大“赢心”成交策略

一位男士跟他太太一起来到楼盘销售中心，这位爱发牢骚的男士坚持要看低层的两居室（已经全部售出），接待他们的售楼人员马上意识到自己遇上了一位难以对付且固执己见的客户。作为一位机智的售楼人员，她知道她的任务首先是迎合客户，赞美客户有眼光，懂得挑选，然后再尽可能地判断他内心的想法是什么，以及为什么会有这样的想法。接着就带他们去看样板房，通过对一般性问题的诚恳交谈，这位售楼人员平静下来，又通过一系列巧妙问题的提问，终于说服这位客户接受高层的两居室。当客户明确自己需要什么样的房子时，售楼人员才能更有针对性地满足他们的需求。

试想，如果这位售楼人员一开始就告诉客户低层两居室没有了，并着手推荐高层两居室，结果可能就不是这样了。在售楼过程中，达成交易最关键的就是要运用策略赢取客户的心。

一、用赞美化解客户异议

一位小学教师正准备批评一名 8 岁的小孩在课堂上搞恶作剧，这位教师说：“小强，我看见你了。”这时，小孩迅速地回答：“是的，我知道没有什么能够逃过您那双乌黑美丽的大眼睛。”这样的回答一下子平息了教师的愤怒，这位小孩是个推销天才啊。

我们在售楼过程中经常遇到客户跟自己有不同见解的情况，这可能是自己一时疏忽让客户产生了误解，也可能是楼盘本身的一些缺陷造成的。对于客户与自己的不同见解，甚至是反对意见，正确的态度是不要立即纠正客户或者立即辩解，更不能马上说出与客户相反的意见，而应使用赞美，缓冲客户的抵触心理，等客户心平气和时，再了解原因，并根据具体情况对客户进行善意诱导。就像上述那个小孩一样，即使自己真的不小心做错了什么，在承认错误之前，也要先赞美一下客户，安抚一下客户，再承认错误，并及时说出相应的补救方案，时刻让客户感到自己是一个非常重要的人，让他成为“赢家”。

二、策略重要，诚信更重要

保持幽默是我们经常运用的策略之一，这可以让客户保持轻松的心态，减轻买楼过程中的压力。但需要提醒的是，不管用什么策略，绝对不能欺骗客户。人都喜欢与诚实、直爽、表里如一的人打交道，没有谁愿意跟一位不诚实的售楼人员买楼。

中国历史上有个著名的故事。曾子的儿子吵闹不休，曾妻就骗他说：“等你父亲回来，杀猪给你吃。”曾子回家听到妻子的诉说后，果然持刀把猪杀了。显然，曾子是在培养儿子的信用意识。这就是儒家思想中“与朋友交，言而有信”的道理。讲信用是处理人际关系的必守信条，做生意的双方要讲信用，上下级沟通要讲信用，敌对双方谈判要讲信用，父亲对刚懂事的儿子也要讲信用。

讲信用的心理作用是给客户以安全感，人际关系是以互相吸引为前提的，这种吸引是给交往双方心理上的安全感。因此，答应客户的事情一定要做到，看楼要准时到场，没办法确定的事情绝对不能乱承诺，要讲明承诺不了的理由。在售楼过程中，很多看似无关紧要的细节都会影响客户对我们个人信誉的看法，也会影响客户对你推荐楼盘的选择，以及日后是否能形成转介绍等，因此切不可掉以轻心。

三、赢心策略还需“主动+引导”

许多女性购物时会转来转去，或许很多时候连她们自己都不知道到底要买什么，逛街只是她们养成的一种习惯而已。在决定购买一件自己需要的商品时，她们可能会在商场转上一整天，甚至连续几个星期去逛商场。她们总是担心会遇到更好、更廉价的商品，所以如果她们想买一件衣服、一条裙子，甚至一双袜子，都会来商场看一看。

买楼是人生中的一件大事，大多数买楼者都会表现出女性这种逛街情结，只不过他们称之为看楼而已。很多人有了买楼的想法后，并不知道自己要买什么样的楼。

一个聪明的售货员看到女性在自己的“地盘”逛街时，会主动上前询问：“这位小姐，有什么可以帮到你呢？”于是，这位售货员就会面带微笑，用悦耳的声音与客户交谈。当这位善于观察的售货员发现问题时，这位顾客已经成为一位购物者了。售楼也一样，当售楼人员主动迎上前去询问客户有什么可以帮忙之时，机会就已经到来，只要发现客户的真实需求，这位到处看楼的房地产“研究者”就有可能成为跟你买房的置业者了。

策略就是这样，当你坐在池塘边钓鱼时，看着其他人一次一次地把鱼拉出水面，你可能会非常生气，质疑自己为什么还没钓上一条鱼。过了一会儿，你可能发现自己的鱼钩上没有鱼饵，可你还是不相信自己钓不到鱼，继续坐在那里等待。没有策略的售楼人员就像没有鱼饵的钓鱼者一样，只能空守，成交不了。

因此，在售楼工作中必须学会运用策略，从“心”开始，赢得更多的客户，实现完美售楼人生。

服务篇

对售楼员来说，客户拒绝是家常便饭，唯有提升自身修复能力，才是上策。 我们只有主动接近客户，全心全意为客户服务，方能插上售楼的翅膀。 同时，要解决客户拖延问题；让客户记住你，为你转介绍；让客户欣赏你，信任你。

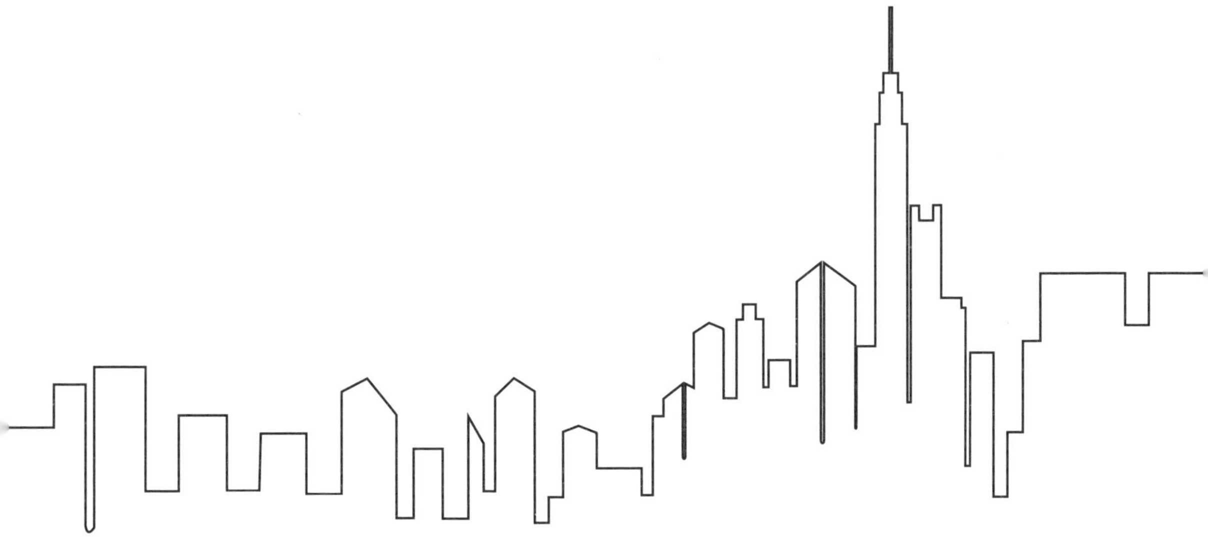

第 70 章　如何插上翅膀去卖楼

为什么销售同一个楼盘的不同售楼人员，业绩会相差这么大呢？

为什么一起毕业的同门弟子工作一段时间后，业绩会相差这么大呢？

为什么同时进入公司的员工工作一段时间后，业绩会相差这么大呢？

为什么有的人总是业绩平平，有的人的业绩却数倍、数十倍于他人呢？

其实，大部分普通的售楼人员也是敬业而努力工作的，但远不如售楼冠军们，售楼冠军们到底做对了什么呢？他们有什么制胜秘诀呢？

一、善用 250 法则，以一当千

推销有三层含义：第一层是说服客户购买；第二层是促使客户在拥有所推销的产品之后再次购买；第三层是客户满意后向其他人推荐。

从这三层含义来看，销售是一个只有起点，没有终点的工作，成交只是下一次的起点。售楼冠军们深深明白这个道理，所以当一般的售楼人员还在四处寻找新客户时，他们则突出重点，以一当十，以一当百，甚至以一当千。他们不急于寻找客户，而是创造客户、挖掘客户，留住并巩固客户，他们深谙“客户是给他们送钱的人，老客户就是摇钱树”

的道理，将每一次房屋成交都做到极致，力求能够拓展出更多房屋的成交。

1. 250 法则

有一次，汽车销售吉尼斯世界纪录保持者乔·吉拉德去参加一个朋友母亲的葬礼，按天主教规程举行葬礼时，会向参加者派发印有死者名字和照片的卡片，乔·吉拉德就好奇地问葬仪社职员："怎样决定印刷多少张这种卡片呢？"那位职员回答："这得靠经验，一般来说，平均数为 250 人。"还有一次，乔·吉拉德参加一个结婚典礼，发现新娘这边的亲朋好友约 250 人，新郎那边也差不多 250 人。

这就是 250 法则的来源，也就是说，每个人身边大约有 250 个朋友，在房地产销售中也可以很好地利用这个法则。如果你成功售出一套房子，让客户感到满意，同时你的服务也做得非常好，那么客户就有可能向 250 个人叙述这次愉快的购房经历，这 250 个人中就有不少人可能成为你的客户；相反，如果你让客户做了一个错误的决策，或者之后的服务做得很差劲，那么客户就可能将这次不愉快的购房遭遇告诉 250 个人，这 250 个人还有可能告诉身边更多的朋友，你将失去的就不止这 250 个潜在客户了。

售楼冠军们都善于运用 250 法则，他们能够站在客户的立场为客户着想，让客户买到他们真正想要的房子，并提供超过客户期望的服务，他们会定期或不定期通过电话、手机短信，甚至是邮件或贺卡等与客户保持长期联系。在售楼过程中，他们非常珍惜这些已成交的老客户资源，也正是这些老客户让他们能够以一当千。

2. 地毯式倾销

在二手楼销售过程中，有一种做法叫"洗楼"，普通售楼人员不屑做这项工作，但售楼冠军们经常利用带客户看楼等机会对所看楼盘进行"洗楼"，从而获取更多盘源或客源。类似这种地毯式寻找客户的方式还有很多，哪怕是站在销售中心或店铺门口主动向过往的客人推销房屋，只要时间允许，售楼冠军们也是乐意去做的，也正是这种不怕苦的工作精神让售楼冠军们有了更多的成交机会。

二、主动创造市场

“三流售楼人员抓住客户，二流售楼人员寻找客户，一流售楼人员创造客户”，这句话很好地揭示了售楼冠军们能够在同样的楼盘、同样的店铺以及同样的房地产市场中，取得与普通售楼人员不一样的业绩的原因。坐在销售中心、店铺等待客户上门的“坐销”方式是远远不够的，好的业绩需要售楼人员利用各种方法创造客户。

1. 利用名片广交朋友

从前面章节提及的汤姆·霍普金斯如何将房子卖给珍尼太太的案例中，我们可以深深地感受到名片在卖楼中的作用，汤姆·霍普金斯连续向珍尼太太派出两打名片后，就迎来了一套房屋的成交机会。由此可见，派发名片对房屋销售来说还是非常有用的。虽然现在很多人已经不使用名片了，但是因为售楼工作的特殊性，售楼人员还是要准备一些名片，并大量地在各类社交场合送出自己的名片，力求认识更多朋友，将这些朋友纳入未来的潜在购房客户名单之中。当然，我们也要更多地利用新媒体来拓展客户资源，具体的操作思路和操作方法可以参考《售罄3：售楼冠军新媒体营销全攻略》一书中的相关内容。

2. 感谢他人

“谢谢”两个字往往有神奇的功效。我的一位朋友经常在名片背面写上两个大大的“谢谢”，并将写有“谢谢”的一面向上递给客户，客户往往会感到奇怪，每当这时，我的朋友就会回答：“是的，我觉得将来一定有机会为您服务，所以在这里先要谢谢您。”好个“谢谢”呀，既让客户感受到他与众不同的一面，又增加了客户对他的好感。

在这里，我不是要求各位也在名片背面写上“谢谢”两个字，而是想告诉各位，要经常谢谢客户，经常利用微信、电话、邮件，甚至是寄贺卡的方式感谢曾经帮助过你的客户，用你的感谢换取他们的转介绍。

第 71 章　让置业者也疯狂的服务革命

台湾首富王永庆创业初期是经营米行的，他卖米的方式跟别人不一样，不管客户买的米是多是少，他一律提供送米上门服务。米送到客户家里后，他还亲自将旧米先倒出米缸，将新米放入缸底，再将旧米放在新米上面，方便客户先吃完旧米。此外，他还详细询问客户家庭成员情况，以此来预计客户下次买米的时间，以便主动送米上门。这种超越客户期望的优质服务很快就让他经营的米行生意红火起来。

不少售楼人员认为服务太浪费时间，觉得售后服务就像赢得了比赛后还去比赛。其实，这是一种愚蠢的短见。每个客户都是一个金矿，无论最初的销售怎样令人激动，也只是一个开始而已。当你赢得客户的心时，他们虽然不会像礼物一样站在你面前，但他们的回报却是非常可观的，他们的转介绍会让你的售楼事业迈向巅峰。

从长远来看，通过服务（尤其是超越客户期望的服务）来促进销售是最有效的方法，也是保证你和你的公司销售额持续增长的法宝。世界商用计算机巨头 IBM 公司称："影响 IBM 公司重要决策的三大基本理念是'尊重每个客户、提供给客户全世界最好的服务、要求员工有最杰出的表现'，这三大理念支配了 IBM 所有的决策。"乔·吉拉德也说："销售游戏的名称就叫服务，尽量给你的每个客户最好的服务，让他们一想到和别人做生意就有罪恶感。"

在激烈的市场竞争中，售楼人员面临的竞争实在太多了，销售的楼盘有时也大同小异（二手楼销售更不用说，有时所有人销售的房屋几乎一模一样），唯一可以让客户将你与其他售楼人员区分开来的方法，就是与众不同的服务，尤其是超越客户期望的服务。

一个专业的售楼人员应该如何发挥服务的魔力呢？

一、服务造就客户忠诚

我们深知服务的重要性，也知道好的服务就是要让客户满意，可为什么满意的客户仍然会选择其他企业的产品和服务呢？为什么有的客户对企业的产品和服务并不十分满意，却仍然是企业的忠诚客户呢？由此可见，服务的目的不光是让客户满意，更要让客户“忠诚”。

例如：航空公司推出里程积分兑换服务，即顾客乘坐一次飞机就能获得一定的积分，累积够一定的分数可以兑换一张机票，以这种方式有效地锁定顾客。如果积累到一定分数，可以成为航空公司的金卡会员或银卡会员，不仅可以兑换更多机票，还可以享受优先登机、使用贵宾室等额外服务。航空公司以此留住顾客。

其实，从满足客户需求的角度来看，一般性的服务即必须要做到的基本服务，这样的服务只能让客户没有怨言，如做不到，客户则会产生抱怨。当基本服务做到之后，提供一些带有附加值的服务，则会提高客户满意度。当然，附加服务越多，满意度就越高，没有附加服务，客户一般不会有满意感，但也不会有不满意感。当提供的服务超出客户期望时，则会提高客户忠诚度，使他们成为企业的忠诚客户。

因此，要在售楼过程中让客户忠诚，就必须提供一些超出客户期望的服务，就像王永庆卖米那样，提供让客户无法拒绝你的服务，让客户追随你的服务，提供其他公司或其他人不能提供的服务，远远超出客户的期望。

二、从小事开始服务

“巅峰销售无大事”。在服务客户和销售的过程中，如果每一件小事都做好了，做到位了，就不会有大事发生，讲的就是这个道理。这也是大家总感觉在售楼冠军们的销售过程中，身边没有什么轰动的事情发生的主要原因，良好的、优质的服务总是要求售楼人员从小事做起。大家可以从以下这些小事做起：

①建立详细的客房档案，并完善销售、服务跟进记录；

②依照计划定期或不定期进行电话访问或服务；

③多运用微信、电话、邮件、短信以及礼仪传递等方式服务顾客；

④遵循准时原则，尊重客户，迟到应提前告知并致歉；

⑤言而有信，对客户进行承诺要留有余地；

⑥把所有客户都当成 VIP 对待；

⑦把同事当成客户，形成内部协同作业；

⑧拒绝客户要求时，应给予更多的选择机会；

⑨电话沟通时要保持微笑，用语调的变化传递积极的态度；

⑩不时提供一些额外的附加值服务。

第72章　如何有效化解售楼“磨”术

在你的成交客户中,从第一次看楼开始，到签约成交，最多的看过多少次楼？跟进时间最长的是多久？在一次看楼中，最多同时接待几个客户?

无论是在售楼过程中，还是在成交后的售后服务中，我们总会遇到一些优柔寡断、思前虑后的客户，他们总是迟迟就某一件事不做决策，让我们的工作因此中断，效率低下；还有的买家可能会“全民皆兵”，三口之家或者三代同堂，甚至四代同堂一起来看楼，这时如果只有你一个人带看楼，会被客户指使得手忙脚乱。这些情况我称之为客户的“磨术”，他们迟迟不做决策，经常用“磨蹭”来化解你的成交请求。

有一次，我接待一位20多岁的年轻男性客户，前后带看了六个不同楼盘，他就是不满意，不断地要求看其他楼盘。我跟同事分析该客户的心理，有的同事就猜想他可能是同行，是专门来撬盘的，但我回想各种细节觉得不太像，因为他只有在下班后以及双休日才有时间看楼，不是那种随时约看楼的。排除他是同行后，我还是耐着性子继续安排他看楼，终于在看到第八个楼盘时，他要求复看。第二次看得很仔细，并询问价格及其他一些较详细的房屋情况，凭直觉我感到他已经看上了这套房子，但仍旧不动声色。

于是，第二天我决定采取逼定手法，制造一些紧张感，他对此确实

“感冒”，并说首期款要父母给，现在父母正好外出旅游，三天后回来。探知决策人不是他后，我只好耐心等待决策人回来再打算。又过了一天，他又要复看，既然客户喜欢上了这套房屋，其实多看是无益的，我想拒绝他的请求，可他说他的女朋友要一起来，这是他们准备结婚用的房，无奈之下，只好再次复看。复看的结果让我心凉了一截，他的女朋友对这套房子不太满意，要求再看其他房子，眼看煮熟的鸭子就要飞了，现在连约决策人来看楼的机会都没有了，更谈不上什么逼定了。

大概在其他中介也没看到更好的房子，这位客户又有了回头的意思，开始说怕太吵，于是又在某天晚上和另一天下午复看过两次，要求看一下房屋西晒是否很厉害。最后，在父母的陪同下对该房屋做了最后一次考察，终于尘埃落定。

这位客户的成交真是来之不易，他前后看过八个楼盘，历经十三次看楼，光成交的这套房子就看了六次，好在他没有请建筑师来考察建筑质量、请风水大师来看风水，否则还不知道得多“磨”几个回合呢？

对待这种“磨功”深厚的客户切不可心浮气躁，售楼人员要告诫自己：如果我没有这份耐心，那么这位客户不知道要到哪位心平气和的售楼人员那里成交了。在一手楼销售中，经常会遇到一些并不急于买楼的客户，他们以楼市研究者的心态去看楼，经常看上大半年，甚至是一年都不做决策。如果你不能心平气和、耐心十足地接待他们，又如何能让这些人下定买楼呢？

客户是我们的衣食父母，挑剔、磨蹭是他们的权力，作为专业售楼人员必须有耐心、恒心长期接待某位客户，坚信“只要功夫深，铁杵磨成针”，幸运是会降临到你头上的。

第73章　房屋销售中，客户永远是对的吗

深圳洪湖沃尔玛墙上有一条醒目的标语："顾客永远是对的；顾客如果有错误，请参看第一条。"这条标语让大家思考顾客在企业经营中的重要性。沃尔玛创始人山姆·沃顿指出："事实上，顾客能够解雇我们公司的每个人，他们只需要到其他地方去花钱，就可以做到这一点。"由此可见，衡量企业成功与否的重要标准就是顾客，即我们的"上帝"满意的程度。

"顾客永远是对的"是许多商业服务行业奉行的一条准则，不少企业都把"顾客永远是对的""顾客第一""服务第一"等类似的口号列入企业宗旨，而且它们也越来越多地出现在企业的广告之中；更有甚者把"顾客永远是对的"理念推至极致，撰文"爱顾客七守则"，全文如下：

第一条：顾客绝对不会有错。

第二条：如果发现顾客有错，一定是我弄错了。

第三条：如果我没弄错，一定是因为我的错才害顾客犯错。

第四条：如果是顾客自己弄错，只要顾客不认错，他就没有错。

第五条：如果顾客不认错，我还坚持他有错，那就是我的错。

第六条：总之，顾客绝对不会有错，这句话绝对不会错。

第七条：顾客根本不会有错，想要讨论顾客会不会错，就是一个大错。

只要是在服务业工作（包括从事销售工作）的人，企业一般都会对其进行“顾客永远是对的”观念培训，教导他们不管顾客有多不讲理、多冲动、多过分，都要保持冷静，闭上嘴，绝不和顾客争吵，尽量满足顾客、安抚顾客，让顾客满意消费。然而，服务人员与顾客产生分歧和矛盾是难免的，提倡“顾客永远是对的”，就相当于规定了商家责任制，一旦顾客对商家提供的服务不满意，商家就必须承认自己的过失，承担更多的责任，而不是和顾客争执到底谁对谁错，否则“文明服务”“顾客至上”也只不过是一句空谈而已。

还有一句俗话是“一样米养百样人”，服务业往往需要服务人员与顾客面对面地接触，面对不同的顾客，标准化作业程序仅能维持基本的服务水准，有些顾客会提出过分的要求，或者故意刁难，甚至无理取闹、无事生非、鸡蛋里挑骨头，面对这样的顾客，我们还能做到“顾客永远是对的”吗？到底“顾客永远是对的”这句话应如何理解及运用呢？

一、“顾客永远是对的”是种态度

作为一个售楼人员，无论在售楼过程中，还是在售后服务中，都要有非常强的服务意识。买楼者是我们的衣食父母，也有极少部分买楼者会故意刁难售楼人员，处理这些事件时我们要以“顾客永远是对的”来要求自己，控制自己的情绪，不要立即与顾客发生冲突，或者立即指正顾客。当我们处于情绪失控的边缘时，就试着站在顾客的角度思考，不要轻易生气，在与顾客的争执中，即使你赢了，又有什么用呢？你可能赢得了争论，却永远失去了这位顾客。因此，一旦面对想争执的顾客，我们就必须用“顾客永远是对的”态度来稳定顾客的情绪，再通过巧妙地引导，平息顾客的不满情绪。

二、光说“顾客永远是对的”是不够的

一天，一个老太太带着一个轮胎来到诺兹特劳姆连锁店要求退货，她坚持说这只轮胎是这里买的，其实这家店从来就没有销售过这种轮胎。售货员很有礼貌地向她解释说我们店里从来没有销售过这种轮胎，可老太太坚持说是这里买的，而且对轮胎非常不满意要退货。最后，销售人员和主管商量后，决定接受“自己的轮胎”，并且态度相当好地给老太太办了“退货手续”，老太太很满意地离开了。从那以后，她就经常来这家店买东西，成了诺兹特劳姆连锁店的忠实顾客。诺兹特劳姆连锁店的服务宗旨是“顾客永远是对的，我们要为顾客做一切可能做到的事情”。

在这个令人回味的故事中，事件的价值在于当顾客的确是错的时候，诺兹特劳姆连锁店还是用一种新的方式解决了顾客的问题，虽然公司最终还是认定老太太错了，却没有再提起这件事。由此，我们也可以看到，光说“顾客永远是对的”远远不够，那是给顾客看的，我们还要做到让顾客满意。实际工作中，我们未必要采取和上面案例中的店铺一样的做法，但在销售工作和服务工作中却应该在“如何满足顾客”上下足功夫。有时，即使顾客真的错了，我们还是要尽可能地满足顾客需求，从长远看，这样做的获益要远远大于付出，因为顾客会将不满意的东西四处传播。

三、执行“顾客永远是对的”不能恶意损害公司利益

有极少部分顾客总是喜欢无事生非，喜欢挑企业的各种毛病，对于这些别有用心、刁蛮任性、挑三拣四的顾客，我们在处理时不能一味迁就，当然，不迁就并不意味着要与顾客争执，争执是销售工作和服务工

作中的大忌。

其实，顾客的需求各不相同，企业不可能满足所有顾客的需求，更不要说那些故意刁难的顾客了，所以，“顾客永远是对的”是要求我们努力提高服务及产品的质量以赢得顾客的信任，而不是一味迁就顾客。对那些恶意攻击企业的顾客，我们的工作就是在稳定顾客情绪的前提下，努力促使顾客放弃那些不合理的要求。

第74章　如何有效记住客户的名字

“您是上星期来过的李先生吧!”如果你再度光临某楼盘销售中心或某中介店铺时，听到售楼人员这样一句话，是否感到惊讶，甚至很感激地认为：原来他们这么关注我！

心理学家认为，当听到别人叫自己名字时，人的内心会产生喜悦感和满足感，人们每一次听到或看到自己的名字时，就像气球被充了一次气，使它们渐渐膨胀起来。在售楼过程中，你可以重复使用这个“工具”，客户是永远不会厌倦的，这还可以削弱客户的紧张心理，并缓和彼此的对立情绪。同时，也会让客户觉得你与众不同。摩托罗拉公司认为，如果公司的服务人员和销售人员能记住企业老客户的姓名，并在其再次光临时立即叫出他的名字，能够有效地提高客户的满意度。

能记住客户的名字，每次见到客户时叫出他的名字，会让客户觉得受到尊重。虽然这是一个细节，却能为售楼人员铺就成功之路。其实，作为一个专业的售楼人员，记住别人的名字是对别人最起码的尊重，如果连最基本的礼仪都不懂，则很难在售楼工作中取得好成绩。

如何记住别人的名字呢？大多数售楼人员都知道记住别人的名字非常重要，有助于自己的房屋销售工作，是拉拢客户的好方法，但是绝大多数售楼人员会说：“我的记忆力很差，我实在记不住那么多名字。”

对很多人来说，记住一个人的容貌并不难，可要记住一个人的名字就不那么容易了。容貌是具体的事物，有血有肉，棱角分明，在大脑中投射影子，这是人的本能和习惯；而名字本质上是一种抽象的存在，除非把它深深地铭刻在心里，否则没有别的办法能挽留它匆匆离去的脚步。对很多人来说，能记住那些以前来过的客户的长相已经非常不可思议了，如果接待一次就能记住客户的名字，则更令人佩服，以至于在销售过程中，许多售楼人员会叹气说："我最不会记人名了，即使昨天才见过也马上就忘了。"好像人的记忆力天生就有强弱之分似的。

其实，每个人都能较好地记住客户的名字，只是大多数人没有集中精力，没有使用正确的方法罢了。这里提供几个简单的原则让你牢记别人的名字。

一、记忆力来源于信心

记住别人的名字真的这么难吗？你想要记住很多名字吗？如果有人告诉你每记得一个人的名字就给你 100 元，你觉得很困难吗？你可能会急不可耐地查出你所遇见的每个陌生人的名字，并牢牢记住以便得到奖励吧！

其实，绝大多数人的记忆能力是相近的，别人能做到的，相信自己也能做到，不要老是告诉自己你记不住别人的名字，也不要抱怨自己记忆力不好，一味地抱怨只会让你懒惰下去。因此，当你开始对自己说我有世界上最好的记性，能牢记很多名字，并无条件地相信这一点时，你会发现你自己的记忆力原来是那么好。在与客户的交往中，不要害怕自己会忘记别人的名字，也不要害怕会叫错别人的名字，只要你消除心中对名字的犹疑和恐惧，就能发挥应有的记忆能力。

二、重复是记忆之母

在与客户的交往中，要留意并尽快知道客户的名字，必要时可以有礼貌地询问："先生，请问您贵姓？"一旦知道客户的名字，马上在心里重复念三次，以便加深印象，并反复利用各种机会，用名字来称呼客户，这样有助于记忆，别人也会很乐意听到你提出如下的问题："可否请您再说一遍您的名字""您的名字怎么写""您的名字我叫得对不对"。记住：别人的名字永远是最好听的，你尽管叫他的名字，不要不好意思问清楚别人的名字。

此外，还可根据客户的特征多称呼几次，即使无特别理由也无所谓，只要能记住客户的特征，其称呼自然会深植在你脑海中。与客户交谈时任何话题都可谈及，例如，某某先生，您看起来精神非常好。

三、联想加深记忆

记忆客户名字时，尽可能将它和熟悉的影像或事物联系在一起，凡是和这个人相遇的地方，和这个名字有关的事物，以及你心中对这个名字的"影像"，都能帮助你记得一个人的名字。

四、记录巩固记忆

"成功不是靠记忆，是靠记录"，要有效记住客户的名字，在售楼过程中必须把客户的名字及相关资料记录下来，切记"好记性不如烂笔头"。为了更好地记住客户的名字，在提供服务的过程中要专心倾听，不可三心二意，为提高记忆的效果，要不时地望向客户的脸，记住客户的面貌和身体特征，并且设法和他的姓名联系在一起。客户离去时，要及时回想一下他的长相、职业和你所给予的服务，并再次和姓名联系在一起。最关键的一点是要把必要内容以书面形式记录下来，并建立客户档案，将名字分类记在档案上，经常翻看，并在日后做好跟进记录。这样一来，你必然能够牢记他们的名字，并慢慢熟悉他们。

此外，再次见面时，应用记住的名字称呼客户，如不能完全确认对方名字，可以试探性地问："对不起，请问您是李先生吧?"千万不要贸然叫错客户的名字。

第 75 章　强效建立良好客户关系的七大步骤

一个男孩行走在漆黑的山路上，突然，传来一阵熟悉的声音："年轻人，多捡些小石子吧，明天会派上用场的。"这个小男孩因为要赶路，于是，只顺手捡了两颗小石子，就匆匆上路了。第二天，当他掏出这两颗小石子的时候，眼前的一切让他惊呆了，那两颗小石子变成了两颗闪闪发光的宝石。他后悔不已："天啊！我怎么这么傻、这么蠢呢？昨天晚上为什么不多捡一些呢？不就是多弯几次腰吗？"

忠诚的客户关系就是我们售楼生涯中的一颗"小石子"，建立与维护客户关系需要我们"弯腰"，但客户的忠诚却可以为我们带来意想不到的成效。在这个竞争激烈的社会中，难道你宁愿匆匆赶路，也不愿或不屑多弯几次腰，多捡几颗"小石子"吗？你不会想成为第二个匆匆赶路的小男孩吧？

良好的客户关系是售楼成功的支点。在众多的售楼人员中，不乏具有优雅干练的职业形象或是出色的销售技巧的人才，不过这些售楼人员要想在售楼过程中游刃有余，仅靠个人形象的好坏以及个人工作技能的优劣是完全不够的。在内外兼修的同时，售楼人员还必须善于经营客户关系，良好的客户关系将为售楼人员带来巨大的收益。

戴尔·卡耐基在《如何赢得友谊及影响他人》一书中提到的七个步骤被证实对建立与维护客户关系十分有效。在我的售楼工作中，它也提供了极大的帮助。

一、绝不批评、抱怨或指责

无论在你的工作或生活中发生了什么不愉快的事情，一定不要让你的客户知道，你要表现出除了能够帮助客户买到他想要的楼，其他什么都不在乎的样子。对于客户的观点、信仰等千万不要立即指正或批评，哪怕是非常错误的观点，也要先肯定可以肯定的方面，再婉转地指正。例如，客户为了争取议价空间，捏造了一个房地产市场行情，这时，你不需要与他争论，你可以这样说："先生/小姐，看来您对房地产市场很有研究，的确有些地方的房地产市场还在持续走低，但不知您注意到没有，我市最近几年经济发展迅猛，房地产市场作为几大经济支柱之一，它的发展更是日新月异，最近一段时间已经出现走高的迹象。"

此外，要影响客户，你必须做个乐观、积极、上进、传播快乐的人。假如有人问起你推销的楼盘销售情况怎么样，你要用"非常好"或者"好得不得了"之类正面的词语形容，一定要让你的客户被你的乐观情绪感染。

二、单纯地接受

希望被他人无条件接受自己的观点，是所有客户最深的潜意识需求之一。因此，在与客户的交往中，你只需要微笑，并且表现得温和友善，就可以表达你接受他人的态度。一般人都喜欢与那些能够接受他们观点的人在一起，而不想受到任何评判或批评。在售楼过程中，你越能接受客户，客户也就越能接受你。

三、赞同

人都喜欢听到别人对自己的肯定和称赞，这是人类潜意识里自我肯定与尊重的需要。每当你称赞并肯定客户的所作所为时，客户会由衷地感到高兴。因此，不论在什么时候、什么场合，你都要竭力寻找机会对客户表示赞扬及赞同。这样，你就会更多地赢得客户的心。

四、感谢

“谢谢您”是一个非常有魔力的词，你感谢客户所做的任何事，都会让客户觉得自己有价值，让客户对你怀有的好感得以提升。此外，感谢他人也会让你的自我肯定度得以提升，让你觉得更加快乐与自信，让你做事更有效率，而且效果更好。因此，在售楼过程中，你要多向你的客户说“谢谢您”。

五、羡慕

每个人都渴望成为别人的榜样或偶像，当一个人在某方面被别人羡慕时，他的内心就会充满愉悦感，并非常乐于对被羡慕者提供帮助。因此，在售楼过程中，你一定要细心聆听客户的声音，留意他的每一个细小的成功，并对这些成功表达你由衷的羡慕之情。

六、欣然同意的态度

客户喜欢与志同道合的人打交道，绝对不喜欢与爱抬杠的人相处，哪怕是客户错得可笑，你也不能立即把客户的错误揪出来，如果是不影响销售的错误，你大可一笑了之；如果客户的错误会影响交易，你也不能立即指正，可以先缓和气氛，再巧妙地指正。

在售楼过程中，你是要坚持自己的正确观点，还是想把楼卖出去呢？有时，你无法兼顾这两者，必须理智选择。

七、集中注意力

在售楼过程中，如何集中注意力是有效地与客户建立关系的关键点，无论是聆听客户的需求，还是向客户推介楼盘，你都必须集中精力，这是对客户最起码的尊重，没有人喜欢和精力不集中的人打交道。

第 76 章　让客户乐意付款的核心秘诀

一位患者慕名来到一家著名的牙科医院拔牙，医生让他先听音乐，不知不觉中就把牙给拔出来了。付费时，医生给他开了一张 120 美金的账单，这位患者大吃一惊，大声与医生辩解道：“有没有搞错，别的医院拔牙拔半个小时才收 20 美金，你们医院才拔了 3 分钟，竟然要收 120 美金？”医生看了看这位患者，说道：“哦，是吗？那我们重新来过，我帮你拔半个小时，也只收 20 美金。”这位患者想到拔牙拔半个小时的痛苦，二话没说，就付费了。

很具有讽刺意味的是，这种类似的情况经常出现在房地产销售领域。你是否经常听到“你们做房地产中介的真好，就这样介绍客户来租房子，就可以收到一个月的佣金”等类似的话呢？有些客户认为，中介人员干活不多，拿钱却很多。我在培训时遇到这样一位学生，她是某银行的客户经理，有一套 130 多平方米的房子闲置，经房地产中介介绍，成功租给了一位台湾客商，租金是 4500 元/月，她和租客各付了半个月房租作为中介费。这件事让她觉得做房地产中介是一门很不错的生意，成本低、收入高。于是，她辞去银行客户经理的工作，走入房地产销售培训课堂，希望投身房地产中介工作。我在第二次培训课程中又遇到了她，这次她深深体会到了做房地产中介并非她原先想象得那样简单了。

还有一次，我带一位客户去看楼，他一眼就看上了那套房子，可到了付中介费时，他觉得才看了一次楼也要付 3 个点的中介费太贵了，说他的朋友以前在一个大型房地产中介买了一套房子，前后看了将近 20 套房子，才付了 3 个点中介费。有这种看法的客户实在不少，在他们眼里，带看楼次数越多，经纪人付出的劳动就越多；相反，带看楼次数越少，经纪人付出的劳动就越少，他们希望根据经纪人的劳动量来付中介费。那么，为什么客户会有这种想法呢？

从表面上来看，客户的这种想法好像的确有道理，但这种表面现象永远只是冰山一角，售楼人员的大部分工作是在冰山之下的，是客户看不到的。对客户来说，他们的目的是要买到自己需要的房子，看楼次数越多，买房子的时间成本就越高；但事实是，看楼次数越少，售楼人员提供的服务越好。客户们只看到表面现象，即售楼人员付出较少的劳动，却没有看到售楼人员为了让客户看一次楼就能买到需要的房子背后所付出的艰辛劳动，没有看到售楼人员组织盘源、修炼准确捕捉客户需求的能力、熟悉市场及楼盘时付出的大量劳动。

如何避免这种现象的出现呢？如何让客户心甘情愿地掏钱支付中介费呢？如何让客户觉得售楼人员的劳动是物有所值的呢？

其实，客户之所以认为售楼人员工作量太少，就是不知道售楼人员在成交背后是如何做工作的。因此，最有效的方法就是让客户知道售楼人员为他做了些什么，为这次成交付出了多大的努力。比如，你跟买家的每一次沟通结果都要转告业主，让他知道你为他争取到的利益来之不易；如果业主放钥匙在公司，则每带一位买家看楼后都要给业主打电话，告知相关情况，让业主知道你为他的房子付出了多少努力，而不是等到成交的那一天才告诉业主，以免他误认为你的工作实在太轻松了；在谈价阶段，无论哪一方对价格做出了让步，你都要让另一方知道你为了这一点价格的让步付出了很大努力。

有一次，我受理了一宗投诉，由于买卖双方是自行交接房屋的，在交楼时，原业主没有把户口迁出买家就把所有房款给了原业主。原业主后来不肯把户口迁出，买家小孩的户口迁不进来，无法上学。房屋的成交是我们公司介绍的，她自然就找到了我们公司，但是经办的售楼人员已经离职，真实情况如何，已无从知晓，公司委托我处理这个案子。

我在第一次接待买家王小姐的时候，她非常气愤，说一定要我们公司负责。我向她了解情况后表示一定会协助她尽快把这件事办好。之后的半年多，我每个星期都会打电话追原业主迁出户口的事，并且每次都把沟通结果转告给王小姐，王小姐觉得我为她做了很多事，服务也做得非常到位（虽然我还没有帮她把户口迁进去），是真的想帮她解决问题，所以她在这半年里给我介绍了三位亲朋好友来买楼，最终这三宗交易都达成了。

第 77 章　如何有效解除客户成交前的最后挣扎

有一次，在签订房地产买卖合同时，买家王先生向我讲述了他的买楼经历。原来，王先生在来我们公司看楼之前，曾在好友的介绍下，在另外一家著名的房地产中介看上了一套 90 多平方米、价格为 350 万元的三房单位，由于业主要实收 350 万元，而且业主的中介费要买家王先生代为支付，因此，王先生要支付 10.5 万元中介费。

其实，王先生是一位做贸易的商人，10.5 万元对他来说不算太多，但由于介绍王先生来这家中介公司的朋友以前也在这家公司买过房子，算是熟人生意了，因此，王先生提出自己是熟人介绍，要求中介费打一些折扣。这家公司的售楼人员看王先生比较喜欢这套房子，就说公司规定要收这么多的，任何人都没有折扣。看到为自己服务的售楼人员这么强势，王先生很不高兴，心想："一点折扣都没有，也太不给面子了。"一气之下就没有再回这家中介。跟我谈话间，王先生还反复说道："连业主的中介费我都给出了，哪怕当时就让我 5000 块钱，我也会好受很多，说不定就买了。"

从王先生的买楼经历来看，王先生是否真的很在乎售楼人员能给他多少中介费折扣呢？答案很显然是否定的，那既然王先生不在乎中介费折扣，为什么最后还是没有选择在那家中介买楼呢？这就涉及中国人的面子问题了。既然有熟人介绍，也算是熟人生意了（最起码王先生已经这样提出来了），那你就得给熟人面子，如果让人没面子，最后的结果很可能就是丢银子，毕竟谁都不愿意跟一位咄咄逼人的售楼人员买楼。如果你在售楼过程中让人颜面扫地，还怎么让人掏钱跟你买楼呢？我们经常把人与事放在一起，做事的优先顺序是情、理、法，王先生的案例就体现了中国人的这种做事思维。所以，既然王先生是熟人介绍来的，那总得讲点人情，给点面子吧，但售楼人员一句“公司规定，任何人都没有折扣”把所有的人情全给挡死了，让王先生非常没有面子，结果便不言自明了。

其实，无论是在销售中，还是在售后阶段，面子问题都关系到售楼人员的收入，这值得我们特别注意。上述案例中的这句“公司规定”其实是非常不给人面子的一句话，必须谨慎使用。

此外，我们还必须注意其他一些有关面子的事项。

一、凡事给客户留面子

像上述王先生的案例，一般来说，售楼人员可以在自己的职权范围内给王先生一定的折扣，让对方有面子。如果自己的职权范围或公司的规定是没有折扣的，也不能以“公司规定”“不好意思”之类的话来拒绝客户的请求，这样会让客户没有面子。即使客户在没有其他选择的条件下，仍然选择向你买楼，他的选择也是不情愿的，即使你以后提供再好的服务也很难弥补他对此事的遗憾，很难让他成为一位满意的客户，更不用说忠诚了。

一般来说，如果真的没有折扣，你也可以用其他方面的优惠来给足客户面子，如给客户购买家具的优惠券（有些公司有这些优惠项目）；如果客户买房是用来投资的，在他出租房屋时，可以为他提供免费刊登广告的服务；在交易时给客户提供一些其他方面的优惠，变相为客户降低交易成本。总之，你的所作所为必须让客户觉得非常有面子，只有这样，你才会多收银子。

二、不要用武断损害客户面子

在销售或服务中，客户可能会列举一些特殊的个案或者编撰一些“事实”来说明情况或争取谈判空间。遇到这种情况，一些不专业的售楼人员就会立即反击客户，用“这不可能”“这怎么可能”“开玩笑，哪有这样的事”等类似的话来否定客户。面对这样的回答，即使客户知道自己的话站不住脚，也会感到非常没有面子，从而产生离去之意。

面对这些情况，我们一定要婉转处理，先用含糊的回答来缓和客户情绪，再巧妙地提出自己的见解或陈述事实。例如，一位客户要求中介费打九折，并提出之前有位朋友在这里买楼，中介费就是打九折的。很多售楼人员一听到这句话就会说：“不会吧，我们这里可从来没有打过九折的，您的那位朋友叫什么名字?”似乎一定要证明这位客户说错了话似的，非要让客户回答不上来，其实，这样做唯一的效果就是让客户没面子。如果换一种说法：“是吗？这会不会是很久以前的事了，或者是其他小公司？上个月，我们经理的同学在这里买了一套房子，中介费好像也只打了九五折，这样吧，看您这么有诚意，我向经理申请一下，无论如何也要让他给您最大折扣。”

切记：给出面子，留住银子。

第 78 章　如何建立售楼事业的钱脉

在今天这个竞争激烈的商业社会里，人际关系是成功的基石。无论你是才高八斗，还是技压群雄，如果人际关系不好，就很难与人合作，走向成功。怪不得社会上流行这样一句话："人脉就是钱脉。"这或许就是人际关系重要性的最好写照吧。

在销售工作中，有一些售楼人员在销售或服务过程中与客户保持着非常好的关系，但有时却处理不好与部门同事之间或是公司其他员工之间的关系，从而导致工作中的小问题时有发生。

其实，在如今这样的社会里，在任何工作岗位上，一个人的力量都是有限的，一项工作的完成往往需要几个人或更多人配合。因此，一个售楼人员售楼工作的成功，需要良好的客户关系，更需要良好的同事关系。只有在同事的齐心合力、相互配合下才有可能取得更好的业绩。"没有完美的个人，只有完美的团队"这句话正好说明了这一点。

一个专业的售楼人员如何处理好与同部门同事或不同部门同事的关系呢？售楼人员对待任何人都要有客户观念，只有这样，才能更融洽地处理各种关系。在工作中，下面这则《禅师与盲人》的故事或许可以为我们带来更多启示。

一个禅师走在漆黑的路上，因为路太黑，行人之间难免磕磕碰碰，禅师也被行人撞了好几下。他继续向前走，远远看见有人提着灯笼向他走过来，这时旁边有个路人说道："这个盲人真奇怪，明明看不见，却每天晚上打着灯笼！"禅师也觉得非常奇怪，等那个打灯笼的盲人走过来的时候，他便上前问道："你真的是盲人吗？"那个人说："是的，我从生下来就没有见过一丝光亮，对我来说白天和黑夜是一样的，我甚至不知道灯光是什么样的！"禅师更迷惑了，问道："既然这样，你为什么还要打灯笼呢？你甚至都不知道灯笼是什么样子，灯光给人的感觉是怎样的。"盲人说："我听别人说，每到晚上，人们都变成了和我一样的盲人，因为夜晚没有灯光，所以我就在晚上打着灯笼出来。"禅师感叹道："原来你所做的一切都是为了别人！"盲人沉思了一会儿，回答说："不是，我为的是自己！"禅师愈加迷惑，问道："为什么呢？"盲人答道："你刚才过来有没有被别人撞到？"禅师说："有呀，就在刚才，我被两个人撞到了。"盲人说："我是盲人，什么也看不见，但我从来没有被人碰到过，因为我的灯笼既为别人照了亮，也让别人看到了我，这样他们就不会因为看不见而撞到我了。"禅师顿悟："我辛苦奔波就是为了找佛，其实佛就在我的身边啊！"

其实，当你"点灯"照亮别人的同时，更照亮了自己。因此，在工作中我们要懂得付出，不要为一些鸡毛蒜皮的小事斤斤计较，要有一种乐施的精神，先帮助别人，而后你会得到更多人的帮助。很多 500 强企业推崇这样一句话："你想别人怎样待你，你就先怎样待别人。"先好好对待别人，自然也会得到别人好好对待的回报。

此外，要获得良好的同事关系，还必须遵守如下原则：

①诚实守信原则（诚信是人际关系的基石）；

②互赖原则（相信团队的力量，工作需要团队作战）；

③分享原则（学会与同事分享成功的经验）；

④坚持原则（任何好的习惯都要坚持）；

⑤用"心"原则。

中国房地产中介培训中心课程介绍

（专注！专一！专业化！www. ori. net. cn）

1. **开单也疯狂——百万经纪人成交系统特训营**

⊕如何创新售楼技巧，让成交变得像呼吸一样简单

⊕如何洞穿购买心理，让客户不可思议地求你买房

⊕如何利用系统成交，让业绩实现狂风暴雨般突破

2. **夺单——房地产高业绩狼性销售 36 法则**

⊕狼性，销售永远没有淡季，用业绩不断证明自己

⊕狼性，竞争全面采取进攻，用实力持续战胜对手

⊕狼性，目标一直瞄准太阳，用彪悍屡屡刷新纪录

3. **服务开单——疫情下，房地产经纪服务新赛道**

⊕收佣金 1 万元与 100 万元，你提供的服务有什么不同

⊕如何用服务感动客户，让他一辈子为你转介绍客户

⊕如何打造全方位金牌地产服务，实现业绩一路飙升

4. **金矿——新房二手房经纪人如何弯道超车，燃爆新房业绩**

⊕二手房经纪人做新房的意义和价值

⊕操作新房常见的误区和顾虑

⊕新房做单的全流程

5. **王牌成交——签约谈单三部曲**

⊕达成意向前的维护

⊕意向金收取与支定谈判

⊕三方谈判实操

⊕突发情况和售后服务

6. **迈向巅峰——百万经纪人销售心法特训营**

⊕如何唤醒自己独特销售潜能，创造辉煌业绩

⊕如何游刃于各种逆势和绝境，实现逆市狂销

⊕如何极大提升自我销售能力，迈向销售巅峰

7. **超级签单手——谋局、控场、促单，100%成交核心带看体系**

⊕系统规划看楼前中后，让带看命中率飙升

⊕精准运用看楼 SP 技术，让客户求你收定
⊕推土机式异议扫除术，让签单摧枯拉朽

8. 粮仓——打造业绩保险箱的蜂式开发36式

⊕殊途同归，百万业绩，必先备百万业绩之房客源
⊕强势开发，为业绩常青插上兵精粮足的翅膀
⊕六韬三略，36 式开发绝技让高业绩仓箱可期

9. 短视频引爆开单——经纪人玩赚短视频卖房三大攻略

⊕开单账号与不开单账号，有什么不一样的地方
⊕如何通过短视频锁定房产销售线索，实现开单
⊕如何实现从有流量到有留量、有销量的三级跳

10. 获客——二手房经纪人如何卖好新房

⊕开单必备，新房 top sales，独家新房房客人三大战法
⊕业绩突破，16 个渠道如何高效获客，提高 N 倍成交量
⊕连环签单，从营销楼盘向经营客户转变，收获更高业绩

11. 抖音卖房秘籍——如何轻松引爆粉丝成交

⊕为什么同样内容，别人几百万播放量，我总是卡在 500？
⊕为什么我的房地产视频总是没有人点赞和评论？
⊕为什么别人可以通过抖音一个月卖 6 亿的房子，我却没有一个客户咨询？

12. 引爆中层——打造高绩效团队

⊕策略篇：提升团队绩效的六种管理策略
⊕员工准备度——工作能力与意愿的分析
⊕员工状态的定义与分类
⊕如何运用领导方格提升团队竞争力（管理策略组合）
⊕向古人借智慧，向帝王学管理

13. 狼性经纪人——房地产销售攻心术

⊕销售技能篇：九型人格销售攻心术
⊕销售心态篇：巅峰心态，狼性营销

14. 赢在店长——房地产中介企业运营管理高级研修班

⊕房地产中介门店的运营与管理（上）
⊕房地产中介门店的运营与管理（下）
⊕店长工作日志

15. 卓越领导力——实战领导力修炼

⊕职位领导力（可以赢得服从）
⊕人际领导力（可以获得认可）
⊕产出领导力（可以赢得尊重）

⊕授能领导力（可以获得追随）
⊕巅峰领导力（产生情感依赖）

16. 区域突围——区域总监高效经营管理实战训练

⊕地产中介的发展，到底是先“大”，还是先“强”
⊕“做大靠店长，做强靠总监”，如何进行片区深耕，做强做大
⊕如何强势发展，带出一支骁勇善战的精英经纪队伍
⊕如何培养区域核心竞争力，迅速成为片区“霸主”

17. 门店教练——房地产终极店长魔鬼训练营

⊕如何将一张白纸似的新人快速培养成专业的房地产销售人才？
⊕如何将 Top Sales 的顶级销售技巧在门店传承、复制、普及？
⊕如何迅速打造一支忠于自己的二手房地产销售铁军？

18. 高效能门店四大管理

⊕店长的责权利和店长阶段划分
⊕店长的成长阶段及生命周期
⊕店长在门店管理中的常见问题分析及解决方案

19. 穿越发展期——房地产中介成长期股权激励实战方案班

⊕现阶段房地产中介股权激励概况
⊕房地产中介股权激励实操指引
⊕房地产中介成长期股权激励制度设计现场指导

20. 绝不跑佣——100%用法律捍卫自己的佣金

⊕居间基础：居间概念、居间义务
⊕居间注意事项：带看、谈单、签约

21. 法律总裁班——房地产中介公司管理风险法律总裁班

⊕公司设立那些事
⊕公司股权改革、合伙制改革，让您一路高歌猛进
⊕门店管理，扫除障碍
⊕一手代理，问题重重，为您指点迷津

22. 零风险开单

⊕定金罚则、10%的楼价、升值部分的差价、违约责任如何主张
⊕失信被执行人在新名词、新举措下与中介公司千丝万缕的联系
⊕这些房屋能不能居间难住了绝大多数经纪人

23. 房地产中介劳动人事法律风险防控

第一章　劳动合同
第二章　社保
第三章　工伤
第四章　开除、辞退、自动离职
第五章　员工福利
第六章　保密协议和竞业禁止
第七章　规章制度

中经房地产行业培训

《售罄 1：100%复制地产销售冠军》

作者：邓小华

定价：68.00 元

本书对房地产销售核心法则以及 20 余位售楼冠军的销售必杀技进行全面披露，同时，从多个维度对近百个一线房地产销售案例进行剖析，解密迈向售楼巅峰的成功之道，助力售楼人员迅速晋升一流高手行列。

《售罄 2：地产销售 100%成交心理学》

作者：邓小华

定价：68.00 元

在房地产销售中，最有效的技巧是在与客户的沟通中，不断增强他们对售楼员的信赖感。从某种程度上看，信赖感的建立，远比销售技巧的使用重要。

本书从心理学角度，通过 72 道开单密码，深度剖析“快准狠贴勤”的售楼王道，帮助售楼员突破客户心理防线，让业绩狂风暴雨般地获得提升。

《售罄 3：售楼冠军新媒体营销全攻略》

作者：邓小华

定价：68.00 元

新媒体时代，房地产经纪人如何用新媒体倍增客户量，通过短视频实现获客变现，通过直播卖房从“云带看”到线下成交，通过微信邀约客户看房，用朋友圈高效吸盘吸客……本书将全面揭晓以上问题的答案。

《地产销售 4.0：思维、标准与技术要点》

作者：陈利文

定价：68.00 元

本书围绕“房地产销售 4.0”这一主题，梳理出销售人员应该掌握的 57 个概念和 39 个思维模型，作为销售人员提升业务水平的理论基础；同时，提出销售人员之所以“职业化”的四个特质和维度，在每个维度中都运用“刻意练习”的方法，选择那些业内执行不力却熟视无睹的领域，死磕技术要点和执行细节，试图找出房地产销售行业的“宝石”——套路。

《地产操盘手：房地产营销策划关键环节与实战案例》

作者：郑振飞

定价：68.00 元

作者将其 20 余年一线房地产操盘经验进行梳理分类，从战略、战术、管控及案例多个维度对房地产操盘的关键环节和细节进行逐一解读，力求启发营销策划人员思维，拓展他们的营销策划认知理念。

《地产营销力：房地产广告物料的底层逻辑与使用方法》

作者：杨　涛　范世兴

定价：68.00 元

本书通过两个实战案例，呈现了地产广告人赵笑律及其上司肖受历共同建立“销售力物料知识库”的经历，并将赵笑律如何成长为一名实干派优秀营销人进行了全程记录。

两人从实践中摸索出了一套科学有效的房地产广告物料使用方法。该方法能够对区位图、灵魂三问展板、单页、户型单页、名片、价值手卡、可带走物料等的高效使用提供指导，并为整个项目的营销开拓思路。

《房地产中介常见法律问题有问必答》

作者：肖海军

定价：48.00 元

本书以大量居间合同纠纷及房屋买卖合同纠纷所得经验为依据，在解答大量房地产经纪从业人员、房产交易当事人问题的基础上，按照交易流程详细梳理了 300 余个法律问题，每一个问题都源于真实案例——【问题解析】，具有极强的代表性，对所有问题予以详尽的法律分析——【律师解答】，并进一步给出应对的措施和方案——【律师建议】。

《房产纠纷典型案例》

作者：肖海军

定价：48.00 元

本书汇集了房产交易过程中常见的典型纠纷案例，通过法律要点、案情介绍、争议焦点、法院判决、律师解析、关联法条六个板块，将每一个纠纷原原本本地呈现出来，同时，进行适当的延展分析，力求使读者在遇到类似情况时，能够根据法院判决和律师建议选择最为合理的解决方式。

《赢在门店：德佑店东的经营管理实践》

作者：DEYOU 德佑

定价：59.80 元

近年来，德佑体系内涌现出了一批具有实战经验的优秀店东，通过对优秀店东的经营管理实践进行采集、整理，使之成为本书的核心内容。这本书是房地产经纪行业第一本针对店东经营管理实践的专业图书，也是德佑经营管理实践方法、经验的沉淀。

《代建 4.0 王国：绿城管理代建方法论》

作者：袁啸云　陈汉聪

定价：58.00 元

作为中国规模最大的房地产轻资产模式引领企业，绿城管理充分融合绿城 26 年开发体系与 10 余年专注代建实践经验，从政府代建起步，商业代建壮大，到输出行业标准，探索资本代建，再到构建“代建 4.0 王国”，已经形成一个自循环的新商业生态。

本书向读者展示了绿城管理的代建方法论——如何让房地产由重变轻，代建模式在实践中如何持续迭代，以及如何创建“代建 4.0 王国”。

《房地产企业财税实战与风险防范》

作者：詹光远　周文全　汪永华

定价：88.00 元

本书以房地产开发企业项目开发全流程为主线，以项目实例为背景，围绕房地产开发企业的核心业务，对房地产项目开发各阶段涉及的会计处理、税务处理进行讲解，对税会差异、法律风险、税收风险等进行深入分析，同时对做好风险防范的关键点进行归纳和总结，并提供判例，为企业改进财税工作，防范企业运营过程中的财税风险提供了极大的帮助。